ICH BIN DIE MAGD DES HERRN

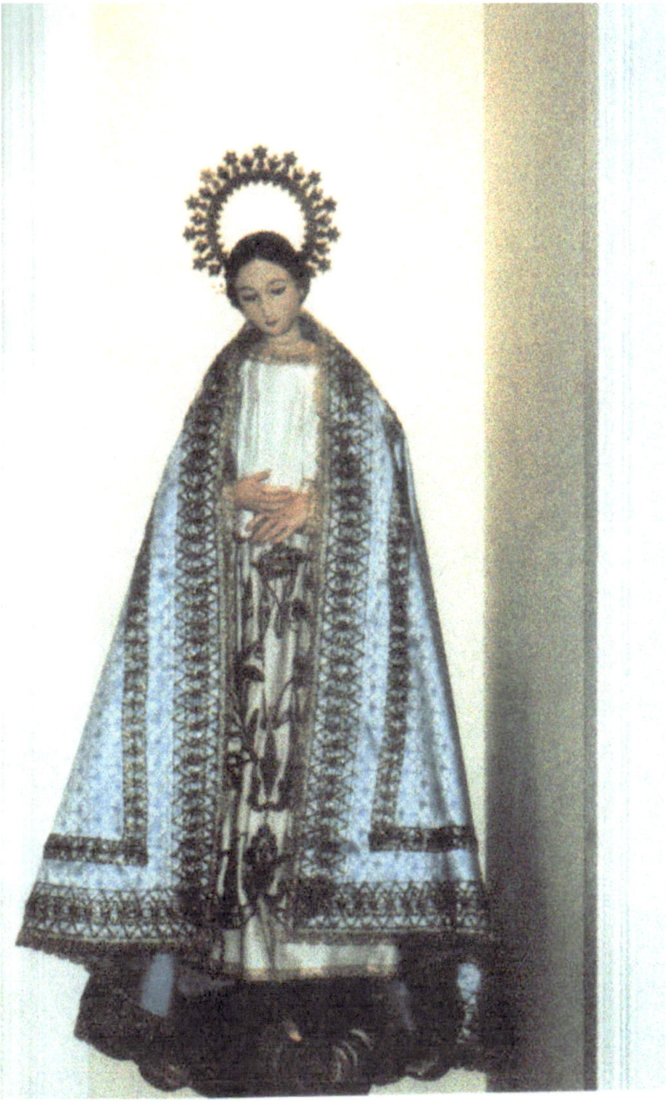

DIE GESCHICHTE DER MUTTER JESU

Nach den Evangelien

Nacherzählt von Cristina Falk

Dann erschien ein großes Zeichen am Himmel: eine Frau, mit der Sonne bekleidet; der Mond war unter ihren Füßen und ein Kranz von zwölf Sternen auf ihrem Haupt
(Off 12, 1)

Foto: Katalanische Madonna. XVIII Jh. Familienbesitz Co. Cristina Falk.

INHALT

VORWORT	7
MEINE KINDHEIT	9
DIE VERKÜNDIGUNG	16
DER BESUCH BEI ELISABETH	23
DIE VERMÄHLUNG	27
HINAUF NACH JUDÄA	32
DIE GEBURT JESU	37
DIE GESCHICHTE DES JOHANNES	44
DIE BESCHNEIDUNG JESU	49
DIE ANBETUNG DER KÖNIGE	53
DIE FLUCHT NACH ÄGYPTEN	57
JESU KINDHEIT	60
JOSEPHS TOD	72
JESUS MIT MIR IN NAZARETH	77
DIE HOCHZEIT VON KANA	79
WARTEND AUF NACHRICHTEN	82
DIE VERMEHRUNG DER BROTE	90
DIE AUFERWECKUNG DES LAZARUS	94
DER EINZUG JESU IN JERUSALEM	99
JESUS IM TEMPEL	103

DONNERSTAG VOR DEM PASCHA	106
DIE DUNKLE NACHT	112
AUF DER VIA DOLOROSA	118
AUF GOLGATHA	124
UNTER DEM KREUZ	129
DER TAG DANACH	133
SONNTAG IN DER FRÜH	135
DIE EMMAUSJÜNGER	139
IN GALILÄA	143
AM SEE GENEZARETH	145
JESU HIMMELFAHRT	149
EPILOG	153
QUELLEN	154

VORWORT

Draußen ist die Landschaft vor meinem Fenster ganz weiß. Heute Nacht ist eine große Schicht Schnee über Wiesen und Felder gefallen. Die Geräusche unserer so modernen Welt kommen bis zu meinem Schreibtisch ganz gedämpft. Es ist still hier. Bald ist Weihnachten. Ich denke an Maria, die Mutter Jesu, die besser als jeder andere vor uns, den ersten Advent erlebt hat.
Wie warst Du, Maria?
Wer warst Du?
Es ist nicht viel, was uns die Evangelisten, über Dich erzählen. Aber genug, um zu wissen, dass unter allen Frauen der Welt, Du, die auserwählte Gottes gewesen bist.

Ich möchte jetzt in dieser Geschichte erzählen, was wir von Maria aus der Bibel wissen, und mit meinen eigenen Worten erklären, wie die Umstände gewesen sein könnten, und was sie vielleicht gedacht hat. Es ist ein Versuch, die Figur Mariens etwas plastischer zu machen für die jungen Leute unserer Zeit.

Die Sätze, die ich aus den Evangelien wortwörtlich übernommen habe, das, was wir als wahres Gotteswort glauben, habe ich kursiv geschrieben.

Ich erzähle die Geschichte, als würde Maria persönlich mit uns reden, und als ob sie selber uns allen ihre Geschichte erzählen würde.

Dieses Vorwort habe ich ganz am Anfang der Entstehung des Buches geschrieben. Damals wusste ich nicht, welche Aufgabe ich, mit dem Schreiben des Buches über Maria, übernommen hatte. Allmählich wuchs ich auch in Erkenntnis mit dem Buch und näherte mich in meinen Kapiteln der Passion des Herrn aus der Sicht Maries. So schrieb ich in der Fastenzeit des Jahres 2011 die Kapitel über das öffentliche Leben Jesu bis hin zum Palmsonntag. In der Anbetungsnacht von Gründonnerstag zu Karfreitag, konnte ich vor den Tabernakel die zwei Kapitel über das Letzte Abendmahl und sogar über Gethsemani und seine Festnahme schreiben. Aber dann ...wusste ich, daß ich auf der Via Dolorosa und bis zum Golgatha mit dem Herrn gehen müsste und das war mir in der österlichen Zeit und in den folgenden Monaten nicht möglich. So blieb mein Manuskript liegen bis zum nächsten Gründonnerstag. Das war genau vor einem Jahr. An dieser Nacht, in der Kapelle, vor Gottes Angesicht, war ich wieder in der Lage die Kapitel „Auf der Via Dolorosa" und „Auf Golgatha" zu schreiben. Danach, während der Osterzeit und Pfingsten war es relativ leicht, das Buch zu Ende zu schreiben.

Es ist schwer zu sagen, was dieses Buch ist. Es sind Betrachtungen oder Meditationen, die ich auf erzählerische Weise schreibe, und die wahrscheinlich beim Beten des täglichen Rosenkranzes in meinem Kopf und Herzen entstanden sind. Wie die bildenden Künstler in den vergangenen Jahrhunderten immer neue Bilder Maries gemalt haben, so ist dieses Buch ein Versuch Maria in Worten darzustellen.

MEINE KINDHEIT

Ich heiße Maria und bin ein Mädchen aus Nazareth. Meine Eltern, Anna aus dem aaronitischen Geschlecht und mein Vater, Joachim aus dem Hause Davids, waren lange Jahren verheiratet und ohne Nachkommen geblieben. Sie beteten zu Gott, er möge ihnen ein Kind schenken, das sie gerne Gott aufopfern würden und zum Tempeldienst bringen. So wie es Hanna mit ihrem Sohn Daniel gemacht hatte.
 Meine Mutter war schon alt, als sie mich gebar, und alle dachten, es wäre ein Wunder. Mein Vater konnte Gott nicht genug danken und brachte das schönste Lamm seiner Herde als Dankopfer zum Tempel.
 Wir hatten ein kleines Gärtchen hinterm Haus mit einer Quelle am Ende.
 Obstbäume waren darin und Vögel kamen zum Trinken an die Quelle. Das sind meine Erinnerungen an Zuhause. An der Hand meiner Mutter, durch den Garten laufend, die Vögel singen hören, die Pfirsiche und Aprikosenblüten im Frühling zu sehen und der Gebeten meiner Mutter zu lauschen, die immer um das Kommen des Messias betete.

Ich erinnere mich an meine Freude und Aufregung, als man mir sagte: „Maria, jetzt wirst Du zum Hause des Herrn gehen. Du darfst im Tempel wohnen und Ihm dienen". Ich muß etwa drei Jahre alt gewesen sein.

    Meine Mutter und einige Dienerinnen waren lange beschäftigt gewesen, meine Aussteuer zu nähen. Endlich kam der Tag, an dem meine Mutter mit Tränen in den Augen und viel Schmerz im Herzen sich von mir verabschiedete.

    Es wurde ein Abschied für immer. Aber das wusste ich damals nicht. Ich ritt mit meinem Vater auf einem Esel und sah erstaunt die Welt außerhalb unseres Hauses.

    Es war das erste Mal, dass ich den Weg von Nazareth nach Jerusalem machte, aber ich kann jetzt nicht viel sagen über diese Reise, die mehr als sechs Tage dauerte.

    Als wir in Jerusalem im Tempelbezirk ankamen, war ich stumm vor Aufregung und Freude. „Wohnt hier Gott?" habe ich meinen Vater gefragt. Und er antwortete: „Ja, und Du darfst Ihm dienen".

    Dort warteten Zacharias und seine Frau Elizabeth auf uns. Sie war meine Base und hatten keine Kinder. Sie betrachtete mich ein bisschen wie ihr Kind. Mein Vater sagte zu Zacharias: „Liebe Verwandte, hier ist unsere Perle, unser liebster Schatz, ich gebe sie unter euren Schutz. Macht aus ihr eine gute Dienerin Gottes"…und Tränen liefen über seine Wangen. Danach nahm er mich in den Armen, hob mich hoch und sagte: „Maria! Wir müssen immer Gott mehr lieben als die Menschen! Vergiss das nicht!" Und ging weg von mir.

Elisabeth nahm meine Hand und brachte mich zum Haus der Tempeldienerinnen. Sie war eine der Aufseherinnen über die Mädchen, die dort untergebracht waren. Ich war die Jüngste, aber bald konnte ich gut lesen und musizieren. Wir lernten die Geschichten des Gottesvolkes, die Psalmen Davids und die Prophezeiungen. Ich liebte Jesaja und wiederholte oft seine Gebete um den Messias. Später, als wir größer wurden, lernten wir weben, nähen und sticken. Der Tag war sehr ausgefüllt mit Arbeit und mit Gebet. Am Anfang habe ich nachts Heimweh gehabt nach meinen Eltern aber bald fühlte ich mich sehr glücklich dort.

Eines Tages machte ich vor Gott ein Gelöbnis: „Herr, ich möchte mich dir schenken. Ich möchte für dich Jungfrau bleiben, damit der Messias bald kommt."

Ein Sonnenstrahl brach durchs Fenster und traf mich ins Gesicht. Ich spürte einen großen Frieden. „Gott hat gefallen an dir gefunden", sagte mir eine innere Stimme.

Eines Tages, ich war schon etwa 13 Jahre alt, kam Zacharias zu mir und sagte:

„Maria, ich muß mit dir reden. Ich habe erfahren, dass erst deine Mutter und bald darauf dein Vater, heim zu unserem Vater im Himmel gegangen sind. Sie haben den Tod der Gerechten erfahren".

Ich antwortete: „Und im Haus meines Vaters dürfen sie wohnen alle Tage ihres Lebens", aber Tränen liefen über meine Wangen.

„Ja, Maria, Du kennst dich gut aus in unserer Schrift. Sei nicht traurig, mein Kind. Sie sind beim Vater, aber jetzt muß ich mit dir über deine Zukunft reden".

„Meine Zukunft?", fragte ich erschrocken. „Darf ich nicht hier bleiben?"

„Nein, Maria, sehr bald wirst Du eine reife Frau werden, fähig Kinder zu empfangen und zu gebären. Du bist ein ganz besonderes Mädchen. Du stammst von deinem Vater aus dem Hause Davids. Seitens deiner Mutter bist Du aus dem Geschlecht Aarons. Es wäre doch möglich, dass Du die auserwählte Gottes bist, um uns den Messias zu schenken. Das haben wir im Priesterrat besprochen und deshalb schon lange haben wir uns schon langebemüht, fähige Männer aus dem Hause Davids hierher zu bestellen, um zu sehen, wer von denen vom Heiligen Geist für dich auserwählt wird."

„Aber Oheim, ich kann nicht heiraten" sagte ich und errötete.

„Wieso nicht?"

„"Ich habe Gott ein Gelöbnis ausgesprochen. Ich möchte für Ihn Jungfrau bleiben".

Zacharias wurde rot im Gesicht.

„Wie konntest Du nur so was machen! Aber das ist ein Gelöbnis, das Gott nicht annehmen kann. Du bist viel zu jung, um so etwas zu tun…"

„Aber Gott hat es angenommen", versuchte ich zu sagen.

Aber Zacharias war nicht zu bewegen. „Die Bewerber sind da. In einer Woche werden wir sehen, wer von Gott ausgewählt worden ist. Und den wirst Du heiraten. Basta!"

Er verließ mich, und ich blieb allein im Raum. Ich weinte und betete. Ich fühlte mich sehr allein gelassen. Wenn meine Mutter bei mir wäre. Wie ich sie vermisste! Bald kam Elisabeth in den Raum. Sie trug eine Truhe mit sich und sagte:

„Maria, schau wie schön dieses Kleid ist und diese Gürtel und Kette hier. Das alles ist für deinen

Verlobungstag. Das hatte deine Mutter vorgesehen als sie dich hierher geschickt hatte. Schau mal!"

Es waren schöne Stücke, die sie mir zeigte. Ich nahm sie in meine Hände und es war, als wurden die Hände meiner Mutter mich streicheln. Das war ein Trost. Endlich sagte ich zu Elisabeth:

„Elisabeth, ich kann nicht heiraten. Ich will und muß Jungfrau bleiben…Kein Mann wird darauf eingehen. Was soll ich machen?"

Sie schaute mich ernst an: „Wenn dein Versprechen von Gott gewollt ist, dann wird er Mittel finden…sprich mit deinem Verlobten.."

„Aber, wer ist mein Verlobter?" fragte ich voller Angst.

„Das werden wir heute erfahren", sagte sie mir mit einem Lächeln und verließ das Zimmer. Währenddessen war Zacharias sehr beschäftigt gewesen, die Männer, die aus ganz Judäa, Galiläa und Samaria gekommen waren zu empfangen. Er hatte sich schon lange darum bemüht, für mich einen passenden Mann zu finden. Er hatte sie gebeten einen Zweig aus irgendeinem blühenden Gehölz mitzubringen. Die Männer, die anwesend waren, wussten nicht, was sie mit ihrem Zweig machen sollten. Zacharias nahm die Zweige in Empfang, steckte an jeden ein Röllchen mit dem Namen des Bewerbers und bat sie in einer Woche wieder zu kommen.

Er hatte die Zweige in eine Schale gesteckt und vor die Bundeslade gestellt.

Einige Zweige hatten schon die Blüten verloren…es war heiß und trocken in dem Raum. Wie würden die Zweige in einer Woche aussehen?

Die Männer, einige jung andere in der Mitte des Lebens, hatten von Maria gehört und von ihren Ahnen. Und sie jubelten. Sie wussten, sie wäre eine kostbare Perle und verstanden die Mühen des Auswahl-Verfahren.
. Als die Woche um war, trafen sie sich alle wieder im Tempel. Zacharias brachte die Schale mit den Zweigen, stellte sie in die Mitte und sagte:
„Wie ihr seht, sind die meisten Zweige schon trocken und unansehnlich. Aber ein Zweig blüht wie am Baum. Die Bluten sind frisch, wie am ersten Tag und die Blätter haben noch Tautropfen."
Alle Augen waren auf den Zweig fixiert. Zacharias nahm das Röllchen mit dem Namen und las laut:
„Den Zweig hat Joseph aus Nazareth gebracht".

Joseph, ein reifer Mann von etwa dreißig Jahren, Zimmermann vom Beruf und sehr fromm, stand langsam von seinem Platz auf, kam nach vorne, kniete vor dem Priester und sagte: „Der Herr sei gepriesen und Ihm sei gedankt…Wie konnte ich jemals eine solche Freude erwarten!"
Kurz darauf sagte Zacharias zu ihm: „Joseph, ich werde dich jetzt zu Maria bringen. Sie möchte dir etwas ganz wichtiges sagen."
Inzwischen war ich mit den prächtigen Kleidern und dem Schmuck meiner Mutter bekleidet und fühlte mich geborgen. Diese Stücke strömten Liebe aus. Ich beruhigte mich und konnte gelassen warten.
Ich wurde gerufen.
Nervös kam ich in den Vorhof, wo Zacharias mit Joseph auf mich wartete.

Als ich Joseph erblickte, war ich erleichtert. Obwohl ich so klein gewesen war als ich Nazareth verließ, erkannte ich ihn wieder. Er wohnte am Ende unserer Straße und war eines Tages in unser Häuschen gekommen und hatte mit meinem Vater gesprochen, während ich auf der Wiese Blümchen pflückte. Er hatte mich mit seinen warmen Augen angeschaut und angelächelt. Und jetzt schaute er mit demselben Ausdruck im Gesicht. Seine Augen hatten Wärme und sein Mund lächelte mich mit Schüchternheit an.

„Maria!", sagte er, „Gott ist so gut zu mir!"

„Joseph, warte", sagte ich. „Du musst wissen, dass ich mich Gott geopfert habe, und dass Er mein Opfer angenommen hat. Wenn Du an unserer Verlobung festhalten möchtest, dann musst Du meine Jungfräulichkeit respektieren".

Joseph sah mich erstaunt an:

„Maria, wenn der Herr dein Gelöbnis angenommen hat, dann willige ich auch ein. Der Herr sei gepriesen! Ich bin der glücklichste Mann auf Erden, weil ich mein Leben an deiner Seite verbringen darf", und er strahlte.

„Dann, Joseph", sagte ich, „vor Gottes Angesicht, betrachte ich dich ab jetzt wie meinen versprochenen Bräutigam!"

„Und ich liebe dich wie meine allerliebste Braut"

Danach sprach er zu mir über seine Pläne, und er ließ mir die Wahl des Tages unserer Vermählung. Er sagte zu mir: „ Du brauchst keine Eile zu haben. Wenn Du nach Nazareth kommen willst, kannst du in deinem alten Haus wohnen. Ich werde jetzt einige Reparaturen machen. Die alte Dienerin deiner Mutter wohnt dort. Du kannst jeder Zeit kommen."

Ich war zufrieden und dachte darüber nach. Ja, das würde ich machen. Ich würde bald den Tempel verlassen müssen, und dann hatte ich mein Häuschen in Nazareth und Joseph in der Nähe. Gott war gut zu mir.

DIE VERKÜNDIGUNG

Und so geschah es. Kurz darauf musste ich meinen geliebten Tempel verlassen und kehrte zurück nach Nazareth. Zacharias begleitete mich, bis wir eine Gruppe Wallfahrer trafen, die auch nach Galiläa zurückwollten. Er gab mir seinen Segen und nahm Abschied von mir.

Zurück in Nazareth, dort in unserem alten Haus, versuchte ich in allem so zu leben, wie ich im Tempel gelebt hatte. Das Haus war voller Erinnerungen, die meine alte Amme, die dort geblieben war, immer auffrischte. Sie wurde meine einzige Begleiterin in dieser Zeit. Eine Art Mutterersatz. Ich betete und arbeitete viel und allmählich fing auch mein Garten zu blühen an. Josef, der am Ende meiner Straße wohnte, kam gelegentlich vorbei, um zu fragen, ob alles in Ordnung wäre und ob er uns Frauen helfen könnte. Er hat mich nie gefragt, ob und wann ich ihn heiraten wollte. Ich fühlte mich wohl und konnte mich schon mit der Heirat mit Joseph anfreunden. Aber ich wollte noch nicht.

Eines Tages, der Frühling hatte gerade begonnen, die Welt duftete ganz frisch und neu, die Tage wurden länger und tagsüber wärmte die Sonne unser Häuschen so, dass wir kein Feuer mehr zu machen brauchten, kniete ich in meiner Kammer und dachte über die Worte des Propheten Jesaja nach. Mein Lieblingsprophet. Er wollte den Messias jetzt. Seine Prophezeiungen waren ja so herrlich: „Wüste und Öde sollen sich freuen, die Steppe soll jubeln und blühen. Bedeckt mit Blumen soll sie üppig blühen und jubeln, ja jubeln und jauchzen" "Ja,

Herr, dachte ich, ich möchte das so gerne erleben. Wann wird endlich der Messias, den die Welt so braucht, kommen?"

Ich merkte nicht, dass die Sonne schon längst untergegangen war, und dass die Schatten der Nacht mein Zimmer bedeckt hatten.

Ich dachte, ich sollte vielleicht meine Öllampe anzünden. In diesem Augenblick füllte sich der Raum mit Licht. Es war ein Licht voller Farben und voller Liebe. Ja, das Licht war eingetaucht in Liebe. So muss das Paradies sein, dachte ich überrascht. Meine Kammer hatte sich auf einmal in den schönsten und größten Platz der Erde verwandelt. Ich wusste nicht, wie mir geschah. Ich war fast ohnmächtig geworden vor Glück und Staunen. Ich schloss die Augen und hörte auf einmal eine Stimme. Diese Stimme war tief, aber melodisch. Es war die Stimme eines Sängers.

„*Salve, Maria*", sagte die Stimme.

„Salve?" dachte ich, so werden nur die ganz großen in der Welt begrüßt.

„*Ja, gegrüßet seist Du Maria, voll der Gnade*" sagte die Stimme weiter.

Ich war so überrascht, dass ich nicht wusste, was ich sagen sollte.

Wer sprach zu mir?

Ich öffnete die Augen, und ich sah ihn.

Er war anders als die Engel, die ich von den biblischen Erzählungen her kannte. Aber es war ein Engel, dessen war ich sicher. Ich wollte vor ihm niederknien, aber er war schneller als ich und hatte sich

schon vor mich gekniet. Ich war sehr verwirrt. Der Engel, später wusste ich sein Name war Gabriel, sagte weiter:
„*...der Herr ist mit dir*"

Ich war, glaube ich, sehr erschrocken. Was hatte das zu bedeuten, wo war ich, war das vielleicht ein Traum? War ich normal? Der Engel sagte jetzt mit seiner sanften Stimme:

„*...fürchte Dich nicht, Maria, denn Du hast bei Gott Gnade gefunden. Einen Sohn wirst Du gebären, dem sollst Du den Namen Jesu geben. Er wird groß sein und Sohn des Höchsten genannt werden.*"

Ich dachte ganz schnell:
Ich, Mutter? Ich, Mutter des Herrn? Ich, so klein und unbedeutend, Mutter des Sohnes Gottes? Wie kann das sein?

Ich dachte an Joseph. Er war mit meinem Gelöbnis einverstanden und wollte meine Jungfräulichkeit respektieren. Ich wollte noch warten mit unserer Vermählung.

Und jetzt? Wie sollte das alles werden? Ich fühlte mich noch so jung, so unerfahren…aber der Herr, der Höchste wollte etwas von mir, etwas Großes, und ich war doch so klein.

Ich merkte, dass um mich herum eine große Stille herrschte. Als ob die ganze Welt auf meine Antwort warten würde. Ich schloss wieder die Augen, um mich in Gott zu versenken. Was sollte ich sagen? Ich wusste nicht, was mich erwartete. Sollte ich etwa schwanger werden, wie eine normale Frau? Sollte der Messias Fleisch werden in mir? Sollte ich seine Mutter werden?

Wie würde ich das aushalten? Dunkle Schatten füllten mein Inneres mit Angst und Furcht. In meiner Seele entfaltete sich ein fürchterlicher Kampf. Ich erinnerte mich an eine Frau, die vor meinen Augen, als ich noch ein Kind war, versteinert wurde, weil sie schwanger war und sie keinen Mann hatte. Ich war nur verlobt, aber wie wird Joseph reagieren, wenn er merkt, dass ich ein Kind erwarte? Wie wird die Welt reagieren? Aber der Herr hatte mich erwählt. Mich, so klein, aber so voller Liebe. Sollte ich nicht Ja sagen?

Der Engel, Gabriel, wartete. Ich merkte, dass er, als Bote Gottes alle meine Gedanken erraten hatte. Er sagte weiter:

„Der Heilige Geist wird über Dich kommen und die Kraft des Höchsten wird Dich überschatten. Deshalb wird auch das Kind heilig und Sohn Gottes genannt werden".

Was fühlte ich bei solchen Worten? Eine unvorstellbare Liebe erfüllte mich ganz. Ich war in Glück versunken. Um mich herum war nur Licht. Die dunklen Schatten meiner Gedanken waren verschwunden. Mein Herz wollte vor Freude in meinem Körper zerspringen. Der Engel sprach weiter:

„Auch Elisabeth, deine Verwandte, hat noch in ihrem Alter einen Sohn empfangen. Obwohl sie als unfruchtbar galt, ist sie jetzt im sechsten Monat. Denn für Gott ist nichts unmöglich".

„Was?", dachte ich. „Meine liebste Kusine Elisabeth erwartet ein Kind. Wie ich mich freue. Wie viele schöne Stunden habe ich bei ihr und ihrem Mann in meiner Kindheit verbracht. Sie war wie eine Mutter zu mir gewesen. Sie hat meine Tränen getrocknet, als ich klein war und Heimweh hatte, hat mit mir gespielt, gesungen und gebetet. Und ich weiß, dass sie sich sehnlichste ein Kind wünschte. Und wie sie mir sagte, war sie jetzt viel zu alt für ein Kind. Aber wenn sie jetzt schwanger ist, dann ist das, was ich hier erlebe, kein Traum. Also wartet der Engel auf mein Wort. Gott, der Höchste, wartet auf mein Wort. Was kann ich dann sagen außer: Ja, Herr.

Also sagte ich:

"Ich bin die Magd des Herrn, mir geschehe, wie Du es gesagt hast"

Als ich diese Worte aussprach, fühlte ich mich einer Ohnmacht nahe. Aber auf der anderen Seite, noch nie habe ich ein Ja mit mehr Überzeugung ausgesprochen. Gott der Herr, der Höchste, verlangte etwas von mir. Ich war bereit, Ihm mein ganzes Leben zu geben.

Allmählich erlosch das Licht im Zimmer, und die Dunkelheit der Nacht trat an seine Stelle. Alles war wie sonst. Der Engel war verschwunden. Nur ich war nicht mehr dieselbe. Ich ging hinaus und schaute in den Himmel. Es war eine klare, helle Nacht. Der Himmel war voller Sterne. Ein großer Friede erfüllte mich ganz." Ich werde sehen wie es Elisabeth geht, " dachte ich. „Sie braucht mich jetzt. Alles andere kann warten."
Entschlossen ging ich in das Haus hinein, zündete mein kleines Öllämpchen an, und fing an, ein kleines Mahl für uns beiden vorzubereiten. „Ich werde gar nichts sagen, -

dachte ich- bis ich sicher bin, dass das alles sich in mir ereignet hat." Meine Lippen aber waren ständig voll des Lobes und sangen, als ob sie unabhängig von mir wären, das Lied, das Hanna als Dank vor dem Herrn gesungen hatte, als sie merkte, dass sie Schwanger geworden ist.
„Meine Seele preist die Größe des Herrn" sang ich fast laut. In diesem Augenblick kam meine alte Amme ins Haus und sagte:

„Maria, heute habe ich erfahren, dass deine Kusine Elisabeth ein Kind erwartet".

„Ja, Amme", sagte ich. Und ich wurde blass.

Sie war überrascht, dass ich nicht in Jubelsrufe ausgebrochen bin.

„Stell dir das mal vor, sie ist in ihrem Alter schwanger, ist das nicht herrlich?"

„Ja, die Wege des Herrn " sagte ich. Und nach einer Pause: " Sollte ich nicht vielleicht nach Jerusalem gehen, um sie zu begleiten? Vielleicht braucht sie Hilfe?"

„Willst Du wieder auf diese lange Wanderung gehen? Du bist gerade gekommen," murmelte sie …"Aber vielleicht ist das doch eine gute Idee. Sie hat so viel für dich getan, als Du im Tempel warst… Nächste Woche geht eine Gruppe Wallfahrer nach Jerusalem, vielleicht kannst Du mit ihnen gehen. Ich würde dich gerne begleiten, aber ich bin schon alt, und der Weg wird für mich immer beschwerlicher, aber Du…"

„Oh meine Amme, mach dir keine Sorgen!" sagte ich. „Ich bin jung und Du weißt, dass ich sehr gerne auf Wallfahrt gehe. Überhaupt, den Weg nach Jerusalem mache ich immer sehr gerne! Dort ist der Tempel Gottes. Nirgendwo fühle ich mich näher bei Gott, als in dieser Stadt!"

Und ich fing das Lied vom Prophet Zefanja, das ich so herrlich fand zu singen an:
„Juble, Tochter Zion! Jauchze, Israel!
Freu dich, und frohlocke von ganzem Herzen,
Tochter Jerusalem!
Der Herr hat das Urteil gegen dich aufgehoben
und deine Feinde zur Umkehr gezwungen.
An jenem Tag wird man zu Jerusalem sagen:
Fürchte dich nicht, Zion!
Laß die Hände nicht sinken!
Der Herr, dein Gott, ist in deiner Mitte,
Ein Held, der Rettung bringt.
Er freut sich und jubelt über dich,
er erneuert seine Liebe zu dir,
er jubelt über dich und frohlockt,
wie man frohlockt an einem Festtag.
(Zef 3, 14-17)

Meine Amme lachte vergnügt.
„Ich sehe", sagte sie, „dass Du heute ganz glücklich bist"
„Ja, antwortete ich, „Ja, ich bin heute voller Glück".

DER BESUCH BEI ELISABETH

Eine Woche später war es so weit. Ich hatte einige Vorbereitungen getroffen und für das Kind meiner Cousine einige Windeln aus feinen Linnen, selber gesponnen und gewebt. Spinnen und Weben sind zwei Tätigkeiten, die ich sehr gerne mache. Die Hände sind fleißig, aber die Gedanken sind frei für das Gebet. Ich konnte den ganzen Tag beten und singen. Ich fühlte mich sehr glücklich.

Ich dachte an Elisabeth und an ihr Mutterglück. Dieses Kind von ihr musste auch etwas ganz besonderes sein. Wenn sogar der Engel mit mir darüber gesprochen hatte. Später habe ich die ganze Geschichte erfahren. Dieses Kind sollte meinem Sohn Jesus vorangehen. Er sollte Johannes heißen und sein Leben, das auch auf wunderbare Weise angefangen hatte, im Dienst Gottes stehen.

Der Weg von Galiläa nach Jerusalem ist nicht einfach. Es gibt Flüsse zu überqueren, man muss den See Genezareth umrunden, und ein Stück Wüste durchwandern, danach kommen die Berge von Judäa. Es sind mehr als hundert Stadien. Der Weg dauert manchmal eine Woche, manchmal fünf Tage. Je nachdem wer mitkommt. Diesmal waren wir eine jüngere Gruppe und wir gingen zügig. Es war eine fromme Gruppe. Leute, die ihre Schrift gut kannten. Wir haben uns alle Geschichten, die wir kannten, wieder erzählt. So die Geschichten von Esther, der Königin, und von Susanne, der unschuldig Angeklagten. Die Geschichte von Joseph und seinen Brüdern hat uns begleitet, als wir mitten in der Wüste waren. Später bei den Felsen, erzählten wir uns die Geschichte von Daniel in der Löwengrube. Und so verging die Zeit ziemlich schnell. Nachts machten wir ein Lagerfeuer und sangen dann Psalmen. Über unseren Köpfen war der Himmel wie ein Zelt, geschmückt mit Sternen. Ich fühlte mich in Gottes Händen getragen und geborgen. Alles wird gut, flüsterte mir eine Stimme, und ich konnte dankbar und zufrieden einschlafen.

Endlich erreichten wir Jerusalem. Meine Kusine wohnt in An Karim, ein Ort am Anfang Jerusalems, so dass ich mich von der Gruppe Wallfahrer trennte. Ich war gespannt auf ihr Gesicht. Was wird sie sagen, wenn sie mich sieht, dachte ich. Ich würde gerne mit ihr sprechen, über mein Geheimnis, ob ich eine Gelegenheit finde, um mit ihr alleine zu sprechen? Inzwischen sah ich von weitem das Haus. Meine Schritte wurden schneller. Ich nahm den bronzenen Ring, der an der Tür hing, und klopfte. Schon hörte ich drinnen Schritte. Es waren nicht die leichten Schritte, die ich von meiner Kusine kannte, es waren Schritte einer werdenden Mutter. Ich freute mich so! Die Tür ging auf und da erschien sie, Elisabeth. „Nein!" sagte sie. „Du bist es wirklich, Maria!" Ich wollte sie umarmen doch auf einmal fiel sie auf die Knie vor mir nieder.

Und jetzt erzähle ich Euch die Geschichte weiter, wie uns Lukas, der Evangelist, sie uns erzählt hat:

„Als Elisabeth den Gruß Marias hörte, hüpfte das Kind in ihrem Leib. Da wurde Elisabeth vom Heiligen Geist erfüllt und rief mit lauter Stimme: Gesegnet bist Du mehr als alle anderen Frauen, und gesegnet ist die

Frucht Deines Leibes. Wer bin ich, dass die Mutter meines Herrn zu mir kommt? In dem Augenblick, als ich Deinen Gruß hörte, hüpfte das Kind vor Freude in meinem Leib. Selig ist die, die geglaubt hat, dass sich erfüllt, was der Herr ihr sagen ließ.
 Da sagte Maria:
Meine Seele preist die Größe des Herrn, und mein Geist jubelt über Gott meinen Retter.
Denn auf die Niedrigkeit seiner Magd hat er geschaut.
Siehe, von nun an preisen mich selig alle Geschlechter.
Denn der Mächtige hat Großes an mir getan, und sein Name ist heilig.
Er erbarmt sich von Geschlecht zu Geschlecht über alle, die ihn fürchten.
Er vollbringt mit seinem Arm machtvollen Taten: Er zerstreut, die im Herzen voll Hochmut sind.
Er stürzt die Mächtigen vom Thron und erhöht die Niedrigen.
Die Hungernden beschenkt er mit seinen Gaben und lässt die Reichen leer ausgehen.
Er nimmt sich seines Knechtes Israel an und denkt an sein Erbarmen,
das er unsern Vätern verheißen hat, Abraham und seinen Nachkommen auf ewig".

 Das, was ich gebetet habe, war mein schönstes Dank und Lobgebet, dass ich schon als Kind von Hanna, der Mutter Samuels, gelernt hatte. Aber diesmal spürte ich, dass dieses Gebet meine Stellung vor Gott aussprach. Es war mein Lobpreis zu Gott meinem Schöpfer.
 In diesem Gespräch, hatte mir Elisabeth so viel gesagt, dass wir keine Worte mehr brauchten. Sie wusste, dass ich es wusste und ich wusste es auch. Ich blieb drei

Monaten lang bei ihr und half ihr im Haushalt und bei den Vorbereitungen für die Geburt ihres Sohnes Johannes. Danach machte ich mich schweren Herzens auf den Weg nach Hause, nach Nazareth. Ich war zuversichtlich. Immer wieder kamen dunkle Schatten über mich, die mir Angst machen wollten, aber da ich so im Gebet versunken war, konnten diese schwarzen Gedanken keine Bedrohung für mich und für mein Kind sein.

Als ich nach Hause kam, merkte meine Amme, dass ich mich verändert hatte.

„ Du bist reifer geworden Maria", sagte sie eines Tages zu mir. „Es wird Zeit, dass Du dich auf dem Weg machst und dass Du ab jetzt bei deinem Verlobten lebst."

Nein…wollte ich sagen, aber ich konnte kein Wort mehr aussprechen. Was passiert jetzt? dachte ich.

Mein Körper war nicht mehr so schlank wie vor drei Monaten, mein Gesicht war auch etwas runder geworden…eines Tages fegte ich gerade meinen Hof, als Joseph die Straße herunter kam. Er blieb stehen und schaute mich erschrocken an. Danach ging er schnell weg, ohne mich zu begrüßen. Mir blieb das Herz stehen. Hat er schon etwas bemerkt? Herr, mein Gott, Du bist mein Schild und meine Burg. Hilf mir Herr!

Eine Stimme, diese Stimme, die ich immer hörte, sagte mir: „Beruhige Dich Maria. Der Heilige Geist hat Dich überschattet und die Kraft des Höchstens erfüllt" Alles wird gut, flüsterte sie wieder.

DIE VERMÄHLUNG

Kurz darauf bekamen wir Besuch. Wir putzten unser kleines Häuschen. Ich scheuerte die Kupferschüssel mit Zitrone und Sand, wir fegten den Hof, und ich mahlte die Körner für das festliche Brot. Für mich hatte meine Mutter, bevor sie starb, noch ein schöneres Kleid genäht als das Kleid, das ich zur Verlobung getragen hatte... Ich bekam sogar Ohrringe und eine Kette, die meine Großmutter schon getragen hatte. Meine Haare trug ich in Zöpfe geflochten unter einem weißen Schleier. Das Kleid war hellgrün, wie die Hoffnung.
" Wie schön Du bist, Maria", sagte meine alte Amme und sie drückte mich an ihre Brust. Danach sagte sie:
„Maria, ich bin zuversichtlich, dass Du in Joseph, den Mann findest wirst, der dir Liebe, Sicherheit, Geborgenheit und Schutz, so wie in der Ordnung Gottes geregelt, bieten wird. Ich bin so glücklich, dass Deine Zukunft so gut gesichert ist. Ich kann jetzt in Ruhe sterben."
Am Nachmittag füllte sich unser Haus mit Joseph und seinen und meinen Verwandten. Josephs Eltern und ein Bruder meines Vaters unterschrieben vor dem Priester der Synagoge einen Ehevertrag. Es wurde gegessen und getrunken. Ich blieb die ganze Zeit in meiner Kammer. Es ziemte sich nicht für die Braut an

dieser Zeremonie teilzunehmen. Danach kam der feierliche Umzug zum Haus des Bräutigams. Ich kam als letzte aus dem Haus. Als ich auf die Schwelle trat, sah ich, dass meine Amme und die Mutter Josephs auf mich warteten, zusammen mit meinen Freundinnen, und als sie mich sahen, fingen sie an zu singen. So singend und tanzend erreichten wir das Haus von Joseph, das nicht sehr weit von meinem elterlichen Haus entfernt war. Er wartete vor der Tür auf mich. Ich hatte den Kopf gebeugt, und meine Augen waren nach unten gerichtet. Ich traute mich nicht ihn anzuschauen. Er reichte mir seine rechte Hand und bat mich, an seiner Seite Platz zu nehmen. Ich hielt meine Augen niedergeschlagen. Ich konnte nur beten: „ Herr, hab Erbarmen. Du bist mein Schild und meine Burg…vor wem soll ich mich fürchten?" Ich wiederholte dieses Gebet immer und immer wieder, bis ich mich beruhigt hatte. Inzwischen, ich weiß nicht wie lange das gedauert hatte, waren die Gäste schon alle fort. Seine Eltern und Geschwister waren auch fort gegangen. Wir waren allein. Ich fing an, den Hof aufzuräumen. Aber Joseph sagte nur kurz:

„Nein, Maria, nicht jetzt. Komm ins Haus, es ist schon spät".

So kam ich zu Joseph in sein Haus. Zitternd. Er schaute mich mit seinen großen, warmen Augen an, nahm mich bei der Hand und sagte:

„Hab keine Angst Maria. Du bist bei mir willkommen. Ich nehme Dich wie meine Frau an, aber ich werde Dich nicht berühren. Ich möchte Dich und das Kind, das Du trägst, beschützen und lieben. Ich weiß alles, was passiert ist".

Ich hob meinen Kopf und schaute ihn mit Tränen in den Augen an und sagte:

„Joseph, lieber Joseph. Ich danke dir von Herzen. Ich werde für dich sorgen und dir eine liebe Frau sein. Ich kann gut kochen und weben und alles machen…"

Joseph ließ meine Hand los und sagte: „Ich weiß Maria, dass Du die beste Hausfrau der Welt bist. Und ich liebe dich auch sehr. Du kannst auf mich zählen, wie ein großer Bruder werde ich für dich da sein. Dein Kind wird auch mein Kind sein vor den Augen der Welt Ich muß gestehen, sagte er weiter, dass ich sehr verwirrt war, als ich merkte, dass Du ein Kind erwartetest. Nach unserer Unterhaltung in Jerusalem, wusste ich nicht, was ich machen sollte. Aber inzwischen weiß ich, dass Er der Messias wird. Das hat mir ein Engel verraten.

Ich ging von einer Überraschung in die Nächste. Der Engel des Herrn, Gabriel, bahnte mir den Weg immer frei, wenn ich ihn am meisten brauchte. Joseph erzählte mir dann seine Geschichte, so wie sie uns der Evangelist Matthäus erzählt hat

„Als ich merkte, dass Du schwanger warst, beschloss ich mich in aller Stille von dir zu trennen. Während ich noch darüber nachdachte, erschien mir im Traum ein Engel des Herrn und sagte: Josef, Sohn Davids, fürchte dich nicht, Maria, als deine Frau zu dir zu nehmen; denn das Kind, das sie erwartet, ist vom Heiligen Geist. Sie wird einen Sohn gebären; ihm sollst Du den Namen Jesus geben; denn er wird sein Volk von seinen Sünden erlösen. Dies alles ist geschehen, damit sich erfüllte, was der Herr durch den Propheten gesagt hat: Seht, die Jungfrau wird ein Kind empfangen, einen Sohn wird sie gebären, und man wird ihm den Namen Immanuel geben, das heißt übersetzt: Gott ist mit uns.

Da war ich voller Freude. Ich fühlte mich sehr geborgen bei Joseph. Er war sehr besorgt um mich und um das kommende Kind. Nach außen waren wir ein ganz normales Paar und kein Mensch kam auf böse Gedanken, als mein Körper Zeichen der Schwangerschaft zeigte. Eines Tages, es war schon Dezember, kam er und sagte:

„Maria, wir müssen uns reisefertig machen. Der Kaiser hat befohlen, dass alle Bürger sich in Steuerlisten eintragen sollen. Jeder in der Stadt seiner Geburt, und ich bin eben aus Bethlehem."

Ich antwortete: „Aber Joseph, das ist ganz nah bei Jerusalem. Ich weiß nicht, ob ich es bis dorthin schaffe. Kann sein, dass das Kind unterwegs zur Welt kommt."

Er schaute mich an mit diesen Augen, die voller Wärme sind, aber auch ein bisschen hilflos schauen können.

„Was sollen wir tun, Maria? Die Wege des Herrn sind manchmal schwer zu verstehen. Ich würde dir das gerne ersparen, aber …" Er war verlegen. Ich sagte rasch:

„Aber ja, ich habe alles schon vorbereitet. Ich nehme einige Windeln mit, und alles andere… wird uns der Herr schon geben, alles, was wir brauchen"

Er schien erleichtert zu sein. „Ich packe schon unsere Eselin" sagte er nur.

Ich nickte, während ich mein kleines Bündel zuschnürte. Wir zogen los.

Diese Szene hat uns der Evangelist Lukas so erzählt:

In jenen Tagen erließ Kaiser Augustus den Befehl, alle Bewohner des Reiches in Steuerlisten einzutragen. Dies geschah zum ersten Mal; damals war Quirinius

Statthalter von Syrien. Da ging jeder in seine Stadt, um sich eintragen zu lassen.

So zog auch Josef von der Stadt Nazaret in Galiläa hinauf nach Judäa in die Stadt Davids, die Bethlehem heißt; denn er war aus dem Hause und Geschlecht Davids. Er wollte sich eintragen lassen mit Maria, seiner Verlobten, die ein Kind erwartete".

HINAUF NACH JUDÄA

In Galiläa ist der Winter kaum zu spüren. Tagsüber ist es angenehm warm, ohne dass die Sonne so heiß wird wie im Sommer. Abends kommt eine etwas kühlere Brise, die man einfach mit einem leichten Umhang abhalten kann. Der Winter ist eigentlich die schönste Jahreszeit. Die Wallfahrten nach Jerusalem hatte ich immer mit meinen Eltern entweder in Frühling oder im Spätsommer gemacht, aber nie im Winter. Ich war nicht vorbereitet, und Joseph auch nicht, auf die Kälte der Berge von Judäa. Eigentlich wussten wir bis dahin nicht, was es heißt, Kälte zu erfahren.

Die ersten Tage, über den Jordan, rund um den See Genezareth und sogar dann durch die Wüste, waren relativ warm. Wir ritten entlang des Jordans und die fruchtbare Ebene gab uns immer etwas zu essen, und zu trinken hatten wir das kostbare Wasser des Flusses. Joseph führte die Eselin zu Fuß, und ich bin auch manchmal abgestiegen und marschierte an seiner Seite. Joseph ist ein schweigsamer Mann, aber sehr aufmerksam. Er nahm immer den leichteren Weg, auch wenn der länger war, damit die Eselin und vor allem ich, es leichter hätten. Jedes Mal, wenn wir eine Pause machten, kümmerte er sich als erstes, um unsere Eselin. Er gab ihr zu trinken, er holte für sie frisches Heu und kraulte sie, um ihr zu sagen wie dankbar er über ihre

Arbeit war. Danach drehte er sich zu mir mit einem Lächeln und sagte:

„Maria, was kann ich für Dich tun? Hier, unter diesem Feigenbaum könnten wir eine kleine Rast machen. Was meinst Du? Bleibe dort. Gib mir bitte das Wassergefäß. Ich hole Wasser aus dem Fluss".

Ich versuchte währenddessen, aus unserem knappen Proviant etwas Gutes vorzubereiten. Ich hatte Ziegenkäse, Oliven und Datteln mit. Brot mussten wir selber backen. Dafür brauchte ich die Hilfe von Joseph. Er baute eine kleine Mulde aus Lehm und Wasser, und dort zündete er ein Feuer. Wie? Das war sein Geheimnis. Währenddessen versuchte ich mit meinem Mehl und Wasser den Teig für das Brot zu mischen. Brotfladen werden schnell gebacken und sind sehr lecker. Kurz darauf konnten wir ein herrliches Mahl zu uns nehmen. Joseph konnte immer mit schönen Dank-und Segensgebeten Gott preisen und ich betete mit. Ich war sehr versunken in meiner inneren Welt, in der jetzt mein Sohn, der Sohn Gottes, auch wohnte. Ich spürte seine Bewegungen in meinem Körper, wie jede andere Mutter auch. Aber diesmal war alles anders. Das Kind wuchs in mir und mit ihm wuchs ich auch im Geiste. Ich verstand so vieles, was ich vorher nicht verstanden hatte!

Nach vier Tagen Wanderung durch das Jordantal, verließen wir die fruchtbare Ebene und gingen durch die Wüste einen ganzen Tag. Dann standen wir vor den Bergen von Ebal und Garizim, die wir durchqueren mussten. Auf einmal kam uns der erste Schnee meines Lebens entgegen. Ein heftiger Wind mit Schneewehen machte unsere Eselin unsicher und gab uns das Gefühl, dass wir auf den falschen Weg geraten waren. Ja, dass der Schnee alles gleich zudeckt und die Landschaft auf einmal anders aussieht, hatten wir noch nie erfahren. Wir zitterten am ganzen Körper. Joseph hatte ein einfaches Gewand aus Leinen an und ich hatte mein langes Kleid und einen leichten Umhang darüber. An den Füssen trugen wir beide Sandalen. Der Wind peitschte in unsere Gesichter und die Schneeflocken durchnässten unsere Kleidung. Wir waren in Judäa, aber es fehlte uns noch ein Tagesmarsch bis Bethlehen. Joseph marschierte vorne mit gesenktem Haupt und zog verzweifelt an den Zügeln unserer Eselin, die sich manchmal weigerte den nächsten Schritt zu tun. Der Boden war sehr steinig und bei jedem Schritt rollten Steine weg. Ich wollte absteigen, aber Joseph schaute mich ernst an und sagte:

„Bleib bitte oben, Maria, Du könntest fallen und das wäre jetzt sehr gefährlich".

Nach ein paar Stunden war ich sehr erschöpft, so dass ich zu Joseph sagte:

„Joseph, könnten wir nicht eine Pause machen? Mir geht's nicht gut. Ich friere."

Er schaute mich mit diesem Blick der Verzweiflung und Hilflosigkeit an, den ich schon an ihm kannte, weil er wieder eine Bitte von mir abschlagen musste.

„Nein, Maria", sagte er. „Wenn wir jetzt eine Pause machen, und ich wüsste nicht wo, es wird schnell dunkel sein, und dann kommt die Nacht, und hier können wir nicht bleiben. Ausgeschlossen. Komm, du schaffst es".

Ich schloss die Augen. Natürlich würden wir es schaffen. Ich erinnerte mich wieder an die Worte Gabriels. „Fürchte dich nicht". „Du Herr, bist mein Licht und mein Heil", betete ich, und dann „Zeige mir Herr, deine Wege, lehre mich deine Pfade". Diese Verse aus dem 25. Psalm von David wiederholte ich immer wieder und dann hörte ich auch Joseph beim Beten derselben Verse. Auf einmal sagte Joseph:

„Siehst Du, Maria, jetzt sind wir wieder in der Ebene. Morgen sind nur die Berge von Judäa zu überqueren und bald sind wir in Bethlehem"

„Bethlehem, Bethlehem…dort wird Er, mein Kind, Jesus, der Sohn des Allerhöchsten, zur Welt kommen" dachte ich.

In der Ebene war es nicht so kalt wie auf dem Berg, aber der Wind war wesentlich kühler als in Galiläa. An einer geschützten Stelle machte Joseph ein Feuer und wir konnten uns wärmen und nach einer Weile schliefen wir angelehnt an unsere Eselin, die uns Schutz und Wärme gab. Sie war erstaunlich ruhig in der Nacht und am nächsten Morgen, beim Sonnenaufgang, waren wir schon munter und beteten den Schöpfer dankbar an.

Man merkte, dass Jerusalem nicht sehr weit entfernt war. Viele Leute waren unterwegs. Bis hier waren wir mehr oder weniger allein gewesen auf unserem Weg, aber jetzt waren wir Teil einer großen Gruppe von Menschen, die alle dasselbe Ziel hatten: Jerusalem. Wir wollten nicht bis Jerusalem, wir wollten nach Bethlehem, die Stadt, die ganz in der Nähe von Jerusalem liegt. Die Stadt Davids, wo sich sein Grab befindet. Dort sollte sich Joseph in den Steuerlisten eintragen. Unter diesen Menschen fühlte ich mich auf der einen Seite sicherer, auf der anderer Seite vermisste ich unsere Zweisamkeit und unsere Stille. Diese Leute waren laut, redeten unentwegt, lachten laut und sagten Sachen, die mich und meine Gefühle verletzten. Joseph schaute mit einem verstohlenen Blick zu mir rüber, und ich merkte, dass diese Leute auch nicht seinem Geschmack entsprachen.

„Was machen wir Maria," flüsterte er mir zu, „sollen wir lieber alleine ziehen?"

„Nein, Joseph, ich fühle mich in der Gruppe sicherer. Lass uns mitgehen. Ich höre gar nicht zu, was sie reden. Aber sie kennen den Weg."

DIE GEBURT JESU

In den Bergen von Judäa wurde es auch sehr kalt. Nach einer Weile fing es zu schneien an. Ich versuchte mich mit meinem dünnen Umhang zu decken, aber meine Füße froren. Ich zitterte am ganzen Körper. Endlich erreichten wir Bethlehem. Unsere Gruppe Reisender hielt vor einem nicht sehr sauberen Wirtshaus. Wir gingen alle hinein .Es war sehr warm in dem Haus. Aber es war eine schlecht riechende Wärme. Viele Leute, alle Reisende, saßen auf dem Lehmboden, der schmutzig war und von Essensreste, Unrat, schlechtriechendem Stroh und Asche bedeckt wurde. Ich blieb an der Tür stehen und dachte, dass hier nicht der beste Platz für die Geburt des Sohnes Gottes wäre. Ich ekelte mich so sehr vor diesem Raum. Unter den Reisenden waren nur zwei alte Frauen. Der Rest waren Männer, die mich mit komischen Blicken anschauten. Ich versuchte mich umzudrehen und wartete in einer Ecke auf Joseph, der mich für eine Weile allein gelassen hatte. Joseph wusste, dass dieses Haus nicht der geeignete Ort für die Geburt des Kindes wäre, aber er wusste keine andere Lösung. Er versuchte mit dem Wirt, dem Besitzer des Hauses, ein Gespräch zu führen, in der Hoffnung, dass er ein separates Zimmer oder ein Eckchen hätte, wo ich mich alleine auf die Geburt des Kindes mich vorbereiten könnte.
 Aber schon von weitem merkte ich an Josephs Gesicht, dass der Wirt keinen geeigneten Raum für uns hatte. Ich war fast erleichtert. Der Engel hatte mir gesagt: „" Fürchte dich nicht". Der Engel des Herrn hatte mir bis jetzt den Weg geebnet, er würde nun für uns sorgen. Auf einmal fühlte ich mich fast leicht.

„Joseph", sagte ich, „sorge dich nicht, was der Herr für uns vorgesehen hat, wird gut sein. Hab keine Angst. Ich bin froh, dass wir nicht in diesem Haus bleiben müssen"

Er schaute mich mit einem fast unglaublichen Blick an. „Wirklich, Maria?"

„Ja, Joseph, lassen wir alles in den Händen des Höchsten"

„Aber, was machen wir jetzt?" sagte er mit Traurigkeit in der Stimme. „Wir können es heute unmöglich bis zu Deiner Kusine Elisabeth in Jerusalem schaffen, und hier in Bethlehem kenne ich keinen, der uns ein Zimmerchen zur Verfügung stellen könnte" Ich sah, dass er den Tränen nahe war.

„Schau Joseph, meine Kleider sind fast trocken und ich friere nicht mehr. Es war warm aber stickig dort drin. Und jetzt schneit es nicht mehr. Nehmen wir einfach unsere Eselin und lassen sie für uns was finden, sie wird uns führen…"

Joseph lächelte ein bisschen, er wackelte mit dem Kopf und sagte nur: „Ideen hast Du, Maria…" aber er befreite unsere Eselin mit einer sanften Bewegung aus ihrer Halterung, ich saß dann auf ihrem Rücken, und er ließ ihre Zügel ganz locker. Er schnalzte nur mit der Zunge und das brave Tier fing sofort fröhlich zu trotten an. Die Richtung, die sie nahm, wollten wir nicht ändern. Wir ließen sie gewähren.

Nach einer Weile, wir befanden uns gerade auf einer kleinen Anhöhe, fing das Tier an, an einem Strauch zu knabbern. Neben dem Strauch befand sich der Eingang zu einer Höhle. Joseph nahm sie am Zügel und zog sie hinein. Wir sahen einige Stufen, die nach unten gingen. Die Eselin zögerte ein bisschen, aber mit der

Hilfe Josephs, meisterte sie dieses letzte Hindernis. Und da waren wir an einem niedrigen Raum angelangt, der uns Schutz vor Kälte und Regen bot. Der Raum war wohl temperiert. Wir entdeckten warum. Es handelte sich um einen kleinen Stall, der noch bewohnt von einem Ochsen war. Das große Tier schien uns kaum wahrgenommen zu haben. Es schien auf dem Boden zu knien vor einer leeren Futterkrippe.

In einer Ecke des Raumes befand sich ein Haufen sauberes Stroh. Der Raum war so niedrig, dass weder Joseph noch ich aufrecht gehen konnten. Wir mussten uns in gebückter Haltung bewegen. Joseph traute sich nicht, mich anzuschauen. Er sagte nur:

„Maria, glaubst Du, hier könntest Du…?" er konnte nicht weiter sprechen. Tränen rollten über seine Wangen.

„Aber, ja doch, Joseph. Ich werde die Krippe mit frischem Heu füllen und darüber werde ich zwei saubere Windel ausbreiten, und es wird wie eine Wiege sein."

„Und ich hatte für ihn eine so schöne Wiege gezimmert"…sagte Joseph verlegen. „Aber die konnten wir nicht auf die Reise mitnehmen." fügte er hinzu.

Ich war sehr gerührt. „Das hast Du mir nicht erzählt, Joseph. Also, Du hast für das Kind eine Wiege…" ich war so glücklich.

Während ich die Krippe als Wiege vorbereitete, machte sich Joseph auch an die Arbeit. In einer Ecke der Höhle konnte er eine Mulde vorbereiten, und dort versuchte er ein Feuerchen anzuzünden. Ich wollte aus meinem Bündel etwas zum Essen holen, aber auf einmal war alles um mich verschwunden. Der Raum war so, wie damals in meiner Kammer in Nazareth, voll Licht und Liebe. Eine Liebe die mich in einer unendlichen

Geborgenheit und Wärme umfing. Ich verlor das Bewusstsein für Zeit und Raum. Alles war eingetaucht in das Licht Gottes und wie von weitem hörte ich Musik, die immer näher kam. Ich öffnete die Augen und sah den Erzengel Gabriel und viele andere Engel, die um mich herum in Anbetung knieten. „Gloria, konnte ich verstehen, Hosanna in der Höhe und Friede den Menschen guten Willens". Ich fühlte ein Glück und einen Frieden; wie niemals zuvor in meinem Leben.

Nach einer Weile öffnete ich die Augen. Ich war wieder in dem kleinen Stall. Ochse und Eselin knieten nebeneinander vor der Krippe. Joseph kniete auch vor der Krippe. Dort auf den Windeln lag ein kleines Kind. Mein Sohn Jesus. Emmanuel. Gott mit uns.

Joseph wischte sich die Tränen, die über seine Wangen rollten, mit seinem rechten Ärmel. Er war entzückt vor Freude. Ich fragte ihn nur:

„Hast Du auch das Licht gesehen, Joseph, und die Musik gehört?"

„Ja", sagte er sehr gerührt. „Ich habe das Licht gesehen und die Musik gehört."

„Hast Du die Engel gesehen"…-fragte ich weiter

„Nein, ich konnte nur Dich sehen…und ich wusste, du warst jetzt im Himmel. Und auf einmal war das Kind da. Unglaublich!. Geht's Dir gut, Maria?" fragte er jetzt besorgt.

„Ja, Joseph. Mir geht es sehr gut. Ich war im Herzen noch nie so von Freude erfüllt."

Und hier ist der Bericht von Lukas:

„Als sie dort waren, kam für Maria die Zeit ihrer Niederkunft, und sie gebar ihren Sohn, den

erstgeborenen. Sie wickelte ihn in Windeln und legte ihn in eine Krippe, weil in der Herberge kein Platz für sie war."

Das Kind weinte ein bisschen. Ich holte ihn vorsichtig aus der Krippe und drückte ihn an meine Brust. Sein Körperchen zitterte. Es war kalt. Ich war sehr besorgt.

„Schau, Joseph. Das Kind friert und ich habe nichts Warmes, womit ich es zudecken kann."

In diesem Augenblick hörten wir Schritte, die uns ankündigten, dass irgendjemand auf die Stufen trat, die zu uns führten. Wir hörten gespannt zu. Auf einmal füllte sich unser Stall mit Leuten. Drei Männer, anscheinend Hirten, kamen gebückt hinein. Und ohne ein Wort zu sagen knieten sie vor mir und vor dem Kind.

„Das ist es", flüsterten sie. „Das Kind, das in Windeln liegt".

„Aber es friert" sagte der Mittlere.

„Hier, schnell, gib her," und der Jüngere der dreien holte aus seiner Tasche ein weiches Lammfell. Er gab es mir und sagte:

„Soll sehr gut für kleine Kinder sein. Das benutzen hier alle Mütter für ihre Kinder"

Ich war so froh über dieses herrliche Geschenk. Ich nahm es aus der Hand des Jüngsten und sagte nur:

„Wie habt Ihr gewusst, dass wir so etwas dringend brauchen?"

Und Josef fragte nur:

„Wie habt Ihr uns gefunden, wer hat euch erzählt, dass hier ein Kind geboren wurde?"

Die drei Hirten schauten sich an und der Älteste erzählte:

„Es war ein Engel!"

Aber hier lassen wir den Apostel Lukas, euch diese Geschichte, so wie in seinem Evangelium steht, erzählen:

„In jener Gegend lagerten Hirten auf freiem Feld und hielten Nachtwache bei ihrer Herde. Da trat der Engel des Herrn zu ihnen, und der Glanz des Herrn umstrahlte sie. Sie fürchteten sich sehr, der Engel aber sagte zu ihnen: Fürchtet euch nicht, denn ich verkünde euch eine große Freude, die dem ganzen Volk zuteil werden soll: Heute ist euch in der Stadt Davids der Retter geboren; er ist der Messias, der Herr. Und das soll euch als Zeichen dienen: Ihr werdet ein Kind finden, das in Windeln gewickelt, in einer Krippe liegt. Und plötzlich war bei dem Engel ein großes himmlisches Heer, das Gott lobte und sprach:
„Verherrlicht ist Gott in der Höhe, und auf Erden ist Friede, bei den Menschen seiner Gnade"
Als die Engel sie verlassen hatten und in den Himmel zurückgekehrt waren, sagten die Hirten zueinander: Komm, wir gehen nach Bethlehem, um das Ereignis zu sehen, das uns der Herr verkünden ließ. So eilten sie hin und fanden Maria und Josef und das Kind, das in der Krippe lag. Als sie es sahen, erzählten sie, was ihnen über dieses Kind gesagt worden war. Und alle die es hörten, staunten über die Worte der Hirten. Maria aber bewahrte alles, was geschehen war, in ihrem Herzen und dachte darüber nach. Die Hirten kehrten zurück, rühmten Gott und priesen ihn für das, was sie gehört und gesehen hatten; denn alles war so gewesen, wie es ihnen gesagt worden war."

Ja, wir wurden an diesem Tag nicht allein gelassen. Nach den Hirten kamen einige Frauen, die alles Mögliche mich fragten. Sie brachten Wasser, sogar warmes Wasser, wuschen das Kind, blieben an meiner Seite, brachten mir ein Schüsselchen mit Suppe und bewunderten immer wieder das Kind. Sie erzählten mir, wie ich ihn am besten stillen sollte, was ich zu mir nehmen sollte, um genügend Milch zu kriegen und bedauerten ständig, dass ich ohne meine Mutter das Kind zur Welt gebracht hatte! Danach erkundigten sie sich, was wir demnächst machen wollten. Diese Fragen waren für mich ermüdend. Ich wollte nur mit Joseph vor meinem Kind knien und Gott danken für seine Fürsorge und Liebe und für dieses Kind, das schon da war und mein schönstes Geschenk war. Aber ich war trotzdem diesen Frauen und diesen Männer dankbar, die uns in dieser Nacht nicht allein gelassen hatten, die gekommen waren, um dem Kind zu huldigen, und die versucht hatten, uns das Leben so angenehm wie möglich zu machen.

 Als wir endlich alleine waren, blieben wir, Joseph und ich, lange, lange Zeit versunken im Gebet. Der Raum war so erfüllt von der Anwesenheit Gottes, von seinem Atem, von seinem Duft. Das Kind schlief ruhig, jetzt wo das Lammfell es so zärtlich wärmte. Ich spürte nur Glück. Freude, Dankbarkeit, und wieder Glück! Was für eine Nacht!

 Am nächsten Tag entschieden wir uns, nach Jerusalem zum Haus meiner Kusine Elisabeth zu gehen. Ich wollte auch ihren Sohn Johannes sehen. Er war bestimmt ein prächtiger Knabe von sechs Monaten geworden. Sie würde sich sicherlich freuen uns bei sich zu Hause zu haben.

DIE GESCHICHTE DES JOHANNES

Der Weg von Bethlehem nach Jerusalem ist sehr kurz. Nachdem wir unseren Reiseproviant und Wäsche gebündelt hatten, nahm ich das Kind auf meine Arme. Joseph nahm wieder die Zügeln in die Hand, und wir ritten los. Bald erreichten wir die Höhen und das Kidrontal in Jerusalem. Mein Herz war diesmal voller Freude, aber ich erinnerte mich, wie ich das letzte Mal das Haus meiner Kusine erreicht hatte, und wie schön sie selber und auch ihr Kind im Mutterleib mich begrüßt hatten. Dieses Kind ist von Anfang an voll des Heiligen Geistes gewesen. Wie wird es jetzt mit ihm weitergehen?

Ich hatte nichts mehr von ihm gehört, war aber neugierig auf seine Entwicklung. Ich wusste von Elisabeth, dass die Barmherzigkeit Gottes eine große Rolle in der Empfängnis dieses Kindes gespielt hatte, und dass dieses Kind kein gewöhnliches Kind war, hatte ich selbst erfahren bei meinem Besuch vor neun Monaten bei ihr. Aber die genauen Umstände kannte ich nicht.

Später hat der Evangelist Lukas die ganze Geschichte sehr gut geschildert. Hier ist sein Bericht:

„Zur Zeit des Herodes, des Königs von Judäa, lebte ein Priester namens Zacharias, der zur Priesterklasse Abija gehörte. Seine Frau stammte aus dem Geschlecht Aarons; sie hieß Elisabeth. Beide lebten so, wie es in den Augen Gottes recht ist, und hielten sich in allem streng an die Gebote und Vorschriften des

Herrn. Sie hatten keine Kinder, denn Elisabeth war unfruchtbar, und beide waren schon in vorgerücktem Alter.

Eines Tages, als seine Priesterklasse wieder an der Reihe war und er beim Gottesdienst mitzuwirken hatte, wurde, wie nach der Priesterordnung üblich, das Los geworfen, und Zacharias fiel die Aufgabe zu, im Tempel des Herrn das Rauchopfer darzubringen. Während er nun zur festgelegten Zeit das Opfer darbrachte, stand das ganze Volk draußen und betete. Da erschien dem Zacharias ein Engel des Herrn; er stand auf der rechten Seite des Rauchopferaltars. Als Zacharias ihn sah, erschrak er sehr, und es befiel ihn Furcht. Der Engel aber sagte zu ihm: Fürchte Dich nicht, Zacharias! Dein Gebet isst erhört worden. Deine Frau Elisabeth wird Dir einen Sohn gebären: dem sollst Du den Namen Johannes geben. Große Freude wird Dich erfüllen, und auch viele andere werden sich über seine Geburt freuen. Denn er wird groß sein vor dem Herrn. Wein und andere berauschende Getränke wird er nicht trinken, und schon im Mutterleib wird er vom Heiligen Geist erfüllt sein. Viele Israeliten wird er zum Herrn, ihrem Gott bekehren. Er wird mit dem Geist und mit der Kraft des Elija dem Herrn vorangehen, um das Herz der Väter wieder den Kindern zuzuwenden und die Ungehorsamen zur Gerechtigkeit zu führen und so das Volk für den Herrn bereit zu machen. Zacharias sagte zu dem Engel: Woran soll ich erkennen dass das Wahr ist? Ich bin ein alter Mann, und auch meine Frau ist in vorgerücktem Alter. Der Engel erwiderte ihm: ich bin Gabriel, der vor Gott steht, und ich bin gesandt worden, um mit Dir zu reden und Dir diese frohe Botschaft zu bringen. Aber weil Du meinen Worten nicht geglaubt

hast, die in Erfüllung gehen, wenn die Zeit dafür da ist, sollst Du stumm sein und nicht mehr reden können, bis zu dem Tag,, an dem all das eintrifft. Inzwischen wartete das Volk auf Zacharias und wunderte sich, dass er so lange im Tempel blieb. Als er dann herauskam, konnte er nicht mit ihnen sprechen. Da merkten sie, dass er im Tempel eine Erscheinung gehabt hatte. Er gab ihnen nur Zeichen mit der Hand und blieb stumm.
Als die Tage seines Dienstes (im Tempel) zu Ende waren, kehrte er nach Hause zurück. Bald darauf empfing seine Frau Elisabeth einen Sohn und lebte fünf Monate lang zurückgezogen. Sie sagte: Der Herr hat mir geholfen; er hat in diesen Tagen gnädig auf mich geschaut und mich von der Schande befreit, mit der ich in den Augen der Menschen beladen war. (Luk,1-5-25)

Ja, Elisabeth war tatsächlich voll der Freude über dieses Kind und auch sein Vater Zacharias hatte dabei gelernt Gott zu vertrauen und Glaube zu schenken, auch wenn alles unmöglich erscheint. So wie bei mir. Aber wir hören weiter auf den Bericht des Lukas:

„Für Elisabeth kam die Zeit der Niederkunft, und sie brachte einen Sohn zur Welt. Ihre Nachbarn und Verwandten hörten welch großes Erbarmen der Herr ihr erwiesen hatte, und freuten sich mit ihr. Am achten Tag kamen sie zur Beschneidung des Kindes und wollten ihm den Namen seines Vaters Zacharias geben. Seine Mutter aber widersprach ihnen und sagte: Nein, er soll Johannes heißen. Sie antworteten ihr: Es gibt doch niemand in Deiner Verwandtschaft, der so heißt. Da fragten sie seinen Vater durch Zeichen, welchen Namen das Kind haben solle. Er verlangte ein Schreibtäfelchen

und schrieb zum erstaunen aller darauf: Sein Name ist Johannes. Im gleichen Augenblick konnte er Mund und Zunge wieder gebrauchen, und er redete und pries Gott. Und alle, die in jener Gegend wohnten, erschraken, und man sprach von all diesen Dingen im ganzen Bergland von Judäa. Alle, die davon hörten, machten sich Gedanken darüber und sagten: Was wird wohl aus diesem Kind werden? Denn es war deutlich, dass die Hand des Herrn mit ihm war.
Sein Vater Zacharias wurde vom Heiligen Geist erfüllt und begann prophetisch zu reden:
Gepriesen sei der Herr, der Gott Israels!
Denn er hat sein Volk besucht und ihm Erlösung geschaffen:
Er hat uns einen starken Retter erweckt, im Hause seines Knechtes David.
So hat er verheißen von alters her:
Durch den Mund seiner heiligen Propheten.
Er hat uns errettet vor unseren Feinden
Und aus der Hand aller, die uns hassen:
Er hat das erbarmen mit den Väter an uns vollendet
Und an seinen heiligen Bund gedacht
An den Eid, den er unserm Vater Abraham geschworen hat;
Er hat uns geschenkt,
dass wir, aus Feindeshand befreit, ihm furchtlos dienen in Heiligkeit und Gerechtigkeit
vor seinem Angesicht all unsere Tage.
Und Du, Kind, wirst Prophet des Höchsten heißen;
Denn Du wirst dem Herrn vorangehen und ihm den Weg bereiten.
Du wirst sein Volk mit der Erfahrung des Heils beschenken

In der Vergebung der Sünden.
Durch die barmherzige Liebe unseres Gottes,
wird uns besuchen das aufstrahlende Licht aus der Höhe
um allen zu leuchten,
die in Finsternis sitzen und im Schatten des Todes,
und unsere Schritte zu lenken auf dem Weg des Friedens.
Das Kind wuchs heran, und sein Geist wurde stark. Und
Johannes lebte in der Wüste bis zu dem Tag, an dem er
den Auftrag erhielt, in Israel aufzutreten. (Luk.1 57-80).

    Als wir bei Elisabeth ankamen, haben wir uns beide sehr gefreut. Ihr Kind, ein großes Kind von sechs Monaten, schrie vor Entzücken als es meinen Jesus sah, und wollte ihn küssen. Meine Kusine bat uns hinein, und wir konnten uns erfrischen und ausruhen nach den Strapazen der letzten Tage. Wir alle vier priesen Gott und dankten Ihm, weil Er an uns seine Barmherzigkeit und Güte gezeigt hatte.

    Es waren schöne Tage, die wir, Joseph und ich, bei Elisabeth verbringen durften. Ich bereitete mich vor, auf meine vorgeschriebene Reinigung und auf die Beschneidung des Kindes im Tempel von Jerusalem. Ich war froh in Elisabeth so eine gute Lehrerin zu haben, die mich wie eine Mutter alles Nötige lehrte.

DIE BESCHNEIDUNG JESU

„Dann kam für sie der Tag, der vom Gesetz Moses vorgeschriebenen Reinigung".

Bevor wir gemeinsam mit dem Kind zum Tempel gingen, bin ich in Begleitung von Elisabeth zu der Mikwe gegangen. Die Mikwe ist das Becken, das sich neben dem Tempel befindet und wo alle Frauen, die Kinder geboren haben, sich reinigen müssen, bevor sie sich in der Öffentlichkeit zeigen. Alles war für mich neu, und ich war sehr froh, meine Kusine bei mir zu haben. Ich wollte alle rituellen Handlungen machen, die bei uns in unserer Gesetzgebung vorgeschrieben waren, so gut wie möglich vollziehen. Ich wollte Gott mit meiner ganzen Kraft dienen, und ich fühlte, dass nur, indem ich das alles richtig tat, Ihm, dem Höchsten, ein bisschen von meiner Liebe zeigen konnte.

Als ich in den Augen der Welt wieder rein geworden war, konnte ich mit Joseph in den Tempelbezirk eintreten. Wir wollten dem Herrn eine Opfergabe bringen. Da wir aber wenig Geld hatten, mussten wir uns mit ein paar Tauben zufrieden geben.

„Sie brachten das Kind nach Jerusalem hinauf, um es dem Herrn zu weihen, gemäß dem Gesetz des Herrn, in dem es heißt: Jede männliche Erstgeburt soll dem Herrn geweiht sein. Auch wollten sie ihr Opfer darbringen, wie es das Gesetz des Herrn vorschreibt: ein Paar Turteltauben oder zwei junge Tauben.

Dann kam die Zeremonie der Namensgebung. Der Priester fragte Joseph, wie das Kind heißen sollte. Er sagte: „Das Kind soll Jesus heißen".

Und wir opferten Gott unseren erstgeborenen Sohn. Wie es seit Abraham in unserem Gesetz vorgeschrieben war. Bei der Beschneidung weinte das Kind ziemlich laut, und auch ich konnte meine Tränen nicht zurückhalten. Ich hätte mein ganzes Blut gegeben, wenn Ihm nur ein bisschen Schmerz erspart geblieben wäre.

In Jerusalem lebte damals ein Mann namens Simeon. Er war gerecht und fromm und wartete auf die Rettung Israels, und der Heilige Geist ruhte auf ihm.

Als wir in den Hof eintraten, sah ich einen älteren Mann, der uns mit den Augen folgte. Kurz darauf sah ich ihn im Gespräch mit einer ganz alten Frau. Er war Simeon und sie war Hannah. Beide warteten schon sehnsüchtig auf den Messias. Sie hatten prophetische Gaben und wussten, dass sie den Messias sehen würden, bevor sie stürben. Deshalb gingen sie jeden Tag zum Tempel hinauf in der Hoffnung Ihn noch zu treffen. Und beide kamen nach einer Weile auf uns zu, betrachteten ehrfürchtig das Kind und baten mich um Erlaubnis, Ihn in die Arme nehmen zu dürfen. Simeon nahm zuerst das Kind in seine Arme und sagte:

„Nun lässt Du, Herr, Deinen Knecht, wie Du gesagt hast, in Frieden scheiden. Denn meine Augen haben das Heil gesehen, das Du vor allen Völkern bereitet hast, ein Licht, das die Heiden erleuchtet, und Herrlichkeit für Dein Volk Israel."

Diese Worte des Simeons haben uns sehr berührt. Schon wieder war die Prophezeiung über unser Kind, das ganz normal in meinen Armen, wie jedes Kind in den Armen seiner Mutter, so tief und friedlich schlief, erfüllt worden. Ich war erstaunt über diese Worte und sah in den Augen Josephs, dass er auch sehr beeindruckt war. Danach kam die alte Hannah. Sie war Witwe und diente seit vierzig Jahren im Tempel. Sie nahm das Kind auch in ihre Arme,
„ pries Gott und sprach über das Kind zu allen, die auf die Erlösung Jerusalems warteten".

Hier möchte ich auch den Bericht von Lukas aufschreiben, den ich sehr schön und ausführlich finde:

Vom Heiligen Geist war ihm offenbart worden, er werde den Tod nicht schauen, ehe er den Messias des Herrn gesehen habe. Jetzt wurde er vom Geist in den Tempel geführt; und als die Eltern Jesus hereinbrachten, um zu erfüllen, was nach dem Gesetz üblich war, nahm Simeon das Kind in seine Arme und pries Gott mit den Worten:
Nun lässt Du, Herr, Deinen Knecht,
wie Du gesagt hast, in Frieden scheiden,
Denn meine Augen haben das Heil gesehen,
das Du vor allen Völkern bereitet hast,
ein Licht, das die Heiden erleuchtet,
und Herrlichkeit für dein Volk Israel.

Aber dieses Kind wird zu Licht für viele habe ich mir immer wieder gesagt und diese Worte trösteten mich über das, was jetzt Simeon sagte:

"Dieser ist dazu bestimmt, dass in Israel viele durch ihn zu Fall kommen und viele aufgerichtet werden, und er wird ein Zeichen sein, dem widersprochen wird. Dadurch sollen die Gedanken vieler Menschen offenbar werden. Dir selbst wird ein Schwert durch die Seele dringen."

  Diese Worte des Simeons blieben in meinem Gedächtnis und in meinem Herzen für immer eingraviert. Ich dachte ständig darüber nach über alles, was ich im Bezug auf Jesus bisher gehört und gesehen hatte und versuchte nichts zu vergessen. Dieses Kind, das so friedlich schlief, war der Sohn Gottes, das war mir klar, und ich durfte ihm dienen und ihn lieben mit meiner ganzen Seele und meinem ganzen Herzen. Was wird alles auf uns zukommen? dachte ich manchmal. Aber das Glück, das ich Tag für Tag genoss, war einfach zu groß, um darüber zu grübeln.

  So, jetzt, wo alles getan war, was getan werden musste, kam für uns die Zeit nach Nazareth zurückzukehren. Wir verabschiedeten uns von Elisabeth, Zacharias und Johannes und ritten zurück. Diesmal aber hatten wir einige wärmere Kleidung dabei, und wir hatten besseres Wetter, so dass wir nicht zu frieren brauchten.

  Zuhause in Nazareth fing für uns eine schöne Zeit an. Das Kind entwickelte sich prächtig. Joseph arbeitete sehr emsig in seiner kleinen Werkstatt, und ich hatte genug zu tun als Mutter und Hausfrau für alles zu sorgen, was nötig war. Eines Tages passierte etwas Seltsames.

DIE ANBETUNG DER KÖNIGE

Es war am frühen Abend. Wir hatten gerade zu Abend gegessen, hatten unser Dankgebet ausgesprochen und ich wollte das Geschirr abwaschen, als ein kleiner Junge, der am Ende der Straße wohnte, ins Haus gerannt kam, und ganz außer Atem sagte:
„Frau Maria, Frau Maria, eine ganz große Karawane kommt hierher zu Euch!"
„Was? Habe ich gesagt" Wie? Bist Du sicher, dass sie zu uns wollen?"
„Ja, ja, komm aus dem Haus. Hört Ihr nicht den Lärm?"
Ja, tatsächlich. Ich kam aus dem Haus und sah eine Wolke Staub, die sich am Ende der Straße formiert hatte. Ich hörte auch Pferde und Elefanten hochkommen und dann sah ich sie. Es waren fremde Menschen, mehr als zwanzig vielleicht, aus verschiedenen Völkern. Man merkte, dass sie von weit her kamen. Ich rief nach Joseph. Er kam auch prompt und wir warteten an der Haustür. Alle Nachbarn waren aus ihren Häusern gegangen und hatten sich der fremden Karawane angeschlossen. Wir warteten gespannt und wussten nicht auf was oder warum. Plötzlich sagte einer der Diener:
„Herr, schau, der Stern!" und alle Fremden fielen in Jubelrufen auf die Knie.
„Das Zeichen!" sagten sie „Das Zeichen" und zeigten nach oben.

Joseph und ich schauten auch zum Himmel, und dann sahen wir ihn, den Stern. So einen schönen Stern hatte ich noch nie gesehen, und war direkt über unserem Haus, ganz niedrig, als würde er sich zu uns neigen. Ich war begeistert:
„Schau Joseph", sagte ich, „was für ein Wunder!"
„Ja", sagte er: „Was für ein Wunder!"
So beschäftigt waren wir zum Himmel schauend, dass wir kaum merkten, dass alle Menschen, die Teil der Karawane waren, von ihren Tieren abgestiegen waren und angefangen hatten, bei uns und um uns auszupacken. Joseph wurde unruhig. Er fragte:
„Was macht Ihr da? Hier könnt Ihr nicht lagern!"
Einer der Diener schaute ihn von der Seite an und sagte nur:
„Wir bringen Geschenke für den König"!
Inzwischen waren die Herrschaften abgestiegen und kamen zögernd etwas näher.
Sie waren mit teuren Stoffen bekleidet. Kostbare Juwelen hingen in goldenen Ketten um ihren Hals.. Seidene Umhänge und Turbane umrahmten die Gesichter. Sie sahen müde aus - aber auch glücklich, so wie wenn man sich am Ziel sieht. Der Älteste und vornehmste von allen nahm seine Kopfbedeckung ab, verbeugte sich vor mir und fragte:
„Meine Herrin, Haben Sie vielleicht den König, den wir suchen, vor kurzem in Bethlehem geboren?"
Und es schien, als ob für ihn das Wort Bethlehen sehr wichtig wäre, so wie er die Betonung auf das Wort legte.
„Ja", erwiderte ich, „unser Sohn Jesus ist in Bethlehem geboren, als wir uns dort befanden, um uns in die Steuernlisten einzutragen".

Joseph mischte sich jetzt ein: „Warum wollt Ihr das wissen" fragte er unruhig.

Ein junger Mann, von vielleicht zwanzig Jahren, mit blondem Bart und längeren Haare, kam nach vorne und sagte dann mit einem Lächeln:

„Dieser Stern, den Ihr jetzt erst seht, hat uns auf unserem langen Weg begleitet. Wir sind Sterndeuter. Wir wissen, dass das Kind in der ersten Winternacht geboren wurde…Stimmst?"

„Ja",… sagte ich ein bisschen zaghaft.

„Wir haben uns sofort auf dem Weg gemacht, und das war gar nicht leicht," sagte ein dritter, ein circa dreißigjähriger Mann mit einem Gesicht, das aussah als wäre es aus Ebenholz geschnitzt. Er lachte mit seinen ganz weißen Zähnen und sagte:

„Der Stern ging uns immer voraus, aber in Jerusalem, da haben wir ihn verloren. Natürlich sind wir zum Palast gegangen und haben nach den neugeborenen König gefragt, aber da wusste man gar nichts von ihm."

Joseph wurde bleich im Gesicht und fragte: „Habt Ihr vielleicht mit Herodes gesprochen?"

„Ja, natürlich. Wir suchten einen König, also haben wir gedacht, er wäre in einem Palast", sagte der schwarze Mann.

Drinnen fing das Jesuskind zu weinen an.

Ich sagte schnell:

„Das Kind weint. Ich muss hinein. Kommt bitte ins Haus".

Alle drei Herrschaften ließen sich von ihren Dienern kostbare Schachteln bringen und folgten uns ins Haus. Ich nahm das Kind Jesus auf meine Arme, saß auf meinem gewöhnlichen Schemel und fing an, das Kind zu wiegen. Das Kind beruhigte sich. Ich blickte dann um mich und sah die drei Männer, die vor mir knieten und das Kind liebevoll anblickten. Einer hielt dem Kind eine kostbare Schachtel hin. Er bewegte sie langsam hin und her, und es klang als wäre etwas Metallenes darin. Aber es zauberte dem Kind ein Lächeln ins Gesicht.

„Schau wie es lacht", sagte er.

„Unsere Gaben sind eigentlich nicht für Kinder gedacht", sagte einer der anderen: „Wir bringen ihm Myrrhe und Weihrauch, so wie es sich für einen König geziemt."

Ich konnte darauf nicht antworten. Wieder war etwas Wunderbares passiert, das aber auch eine Bestätigung für mich und Joseph sein sollte, dass wir auf dieses Kind besonders aufpassen sollten. Gott, der König, hatte nur einen Sohn, und Er hatte uns dieses Kind anvertraut. Was für eine Verantwortung!

Ich weiß nicht mehr, was ich den Männern serviert habe. Ich habe in der Eile Hagebuttentee gekocht, Joseph hat Mengen von Wasser aus dem Brunnen geholt für die Tiere, und ich habe aus unserem Proviant Nüsse und Dattel herausgeholt und ganz schnell Brot zu backen versucht. Aber die Männer hatten es eilig. Sie wollten nicht stören. Sie schämten sich, dass sie uns viel Arbeit gemacht hatten. Trotzdem blieben sie ein bisschen in unserem Hof und erzählten uns, was sie alles erlebt hatten während dieser langen Reise. Jetzt, wo sie das Kind gesehen hatten, waren sie wie von einer Last befreit und sagten fast dieselben Worte wie Simeon:

„Jetzt, wollen wir den Herrn loben, danken und preisen, der uns seinen Stern geschickt und uns bis hierher geführt hat."

Und so, voll des Lobes nahmen sie von uns Abschied.

DIE FLUCHT NACH ÄGYPTEN

In der Nacht hörte ich sie wegreiten. Sie hatten anscheinend einen ähnlichen Traum wie Joseph gehabt, in dem ihnen davon abgeraten wurde, zu Herodes zurückzukehren. So zogen sie auf einem anderen Weg heim in ihr Land. Inzwischen hatte Joseph wieder einen Traum gehabt.

Ein Engel des Herrn erschien ihm und sagte: „steh auf, nimm das Kind und seine Mutter, und flieh nach Ägypten; dort bleibe, bis ich Dir etwas anderes auftrage; denn Herodes wird das Kind suchen, um es zu töten"

Ja, diese Nacht war wieder furchtbar. Ich war so müde, nachdem ich diese ganze Mannschaft bedient hatte. Auf der anderen Seite war ich natürlich glücklich und zufrieden, dass so viele Menschen gekommen waren, um Ihm, Gottes Sohn, zu huldigen. Und auf einmal höre ich Joseph im Nebenzimmer, der zu mir sagt:
„Maria, Maria, wach auf! Wir müssen fort. Herodes will das Kind töten. Wir müssen nach Ägypten fliehen!".
„Das auch noch!" dachte ich. Wie geht das alles zusammen? Geboren in einem Stall. Von Hirten und jetzt von Edelmännern gehuldigt. Auf Eselsrücken geritten. Und jetzt als Flüchtling nach Ägypten. Ich konnte nicht klar denken. Ich versuchte zu überlegen, was wir auf der Flucht brauchen würden. Diesmal werde ich bestimmt wärmere Kleidung nicht vergessen, dachte

ich. Das Gold, das wir bekommen haben, kann uns von Nutzen sein. Aber der Weihrauch? Die Myrrhe?

„Joseph", fragte ich, „soll ich auch die Myrrhe und den Weihrauch mitnehmen?"

„Ja" antwortete er ganz sachlich. „Es sind kostbare Gaben. Wer weiß, ob wir es einmal   brauchen …im Tausch gegen was Anderes. Nimm es mit!"

„Ja, Du hast Recht. Es nimmt auch wenig Platz weg. Wasser und Früchte habe ich noch. Viel Proviant habe ich nicht mehr im Haus. Ich musste so viele Leute verköstigen!"

„Ist gut so, Maria. Beeile Dich. Wir müssen los, bevor es hell wird. Es bleiben uns nur ein paar Stunden Vorsprung!".

Ich hatte ihn noch nie so besorgt gesehen. Sein Gesicht hatte eine Strenge angenommen, die mir neu an ihm war. Seine Stirn war voller Falten und die zugekniffenen Augen und alles an ihm zeigte Aufmerksamkeit und Entschlossenheit. Ich fühlte mich bei ihm sehr sicher. Ich wusste, dass er sich in Stücke reißen lassen würde, bevor man uns ein Haar zu krümmen versuchte. Ja, es war eine dunkle Nacht. Wir zogen von Nazareth weg, ohne uns von unseren Verwandten oder Nachbarn verabschiedet zu haben. Sie wussten von nichts, und es war gut so .Werde ich sie wieder sehen? Wie lange werden wir weg bleiben müssen? Ich musste die Erfahrung der Fremde machen, wie unsere Alten. Wie lange war das Volk Israel in Ägypten gewesen? Das waren damals meine Gedanken, aber ich war zuversichtlich. Hab keine Angst, dachte ich immer wieder. Ihm wird nichts passieren. Wir wussten damals nicht, zu welchen grausamen Taten dieser Herodes und seine Soldaten fähig waren. Ich füge hier den Bericht des Evangelist Matthäus ein, der geschrieben hat:

„Als Herodes merkte, dass ihn die Sterndeuter getäuscht hatten, wurde er sehr zornig, und er ließ in Bethlehem und der ganzen Umgebung alle Knaben bis zum Alter von zwei Jahren töten, genau der Zeit entsprechend, die er von den Sterndeutern erfahren hatte. Damals erfüllt sich, was Durch den Propheten Jeremia gesagt worden ist: Ein Geschrei war in Rama zu hören, lautes Weinen und Klagen: Rahel weinte um ihre Kinder und wollte sich nicht trösten lassen, denn sie waren dahin."

„Herr, dachte ich, kaum war das Kind geboren und es schien so, als ob alle Mächte der Hölle gegen Ihn wären. Aber Gott ist stärker".

In Ägypten blieben wir zirka drei Jahre. Über diese Zeit ist nicht viel zu sagen. Es war eine traurige und eine fröhliche Zeit. Wir waren heimatlos, wie so viele von Euch heute. Wir waren aber froh, unser Leben, vor allem das Leben unseres Kindes gerettet zu haben. Joseph hat als Zimmermann gearbeitet, und wir konnten gut von seiner Arbeit leben. Das Leben ist am Nil sehr einfach. Der Fluss gibt reichlich zu essen und zu trinken. Die Erde ist so fruchtbar, dass wir uns drei mit einem kleinen Stück Erde, die wir mit dem Gold des Kindes gepachtet hatten, gut ernähren konnten. Ich werde Ägypten immer dankbar bleiben, dass das Land uns aufgenommen hatte, in dieser für uns so schwierigen Zeit. Die Ägypter haben unseren Aufenthalt in ihrem Land gut in Erinnerung behalten. Es wird heute noch den Reisenden der Weg gezeigt, den „die Heilige Familie" nehmen musste, als sie in Ägypten war. Und so blieben wir in dieser lieb gewonnenen Fremde, bis Joseph wieder in einem Traum den Befehl bekam, dass wir zurückkehren sollten.

„Als Herodes gestorben war, erschien dem Josef in Ägypten ein Engel des Herrn im Traum und sagte: Steh auf, nimm das Kind und seine Mutter und zieh in das Land Israel; denn die Leute, die dem Kind nach dem Leben getrachtet haben, sind tot. Da stand er auf und zog mit dem Kind und dessen Mutter in das Land Israel. Als er aber hörte, dass in Judäa Archelaus an stelle seines Vaters Herodes regierte, fürchtete er sich, dorthin zu gehen. Und weil er im Traum einen Befehl erhalten hatte, zog er in das Gebiet von Galiläa und ließ sich in einer Stadt namens Nazaret nieder".

JESU KINDHEIT

„Als seine Eltern alles getan hatten, was das Gesetz des Herrn vorschreibt, kehrten sie nach Galiläa in ihre Stadt Nazaret zurück. Das Kind wuchs heran und wurde kräftig; Gott erfüllte es mit Weisheit, und seine Gnade ruhte auf ihm." (Lk 2, 39 -40)

    Wir kamen zurück nach Nazareth. Mein Herz wollte vor Freude springen. Endlich wieder Zuhause. Galiläa in März ist so wunderschön, alles blüht, sogar die Wüste! Als wir endlich unseren geliebten See Genezareth gesehen haben, weinten wir Tränen der Freude. Einige Fischer waren in ihren Booten beim Fischen und wir drei haben ihnen vom Ufer aus lange zugeschaut. Das Wasser war blau und ruhig, wie ein Spiegel des Himmels. Auf der anderen Seite zeigte uns der Berg Tabor seine Schönheit. Wir konnten es nicht glauben, dass wir keine Flüchtlinge mehr waren, und dankten Gott voller Freude.
    Es begann eine wunderbare Zeit für mich, für Joseph und ich glaube für Jesus auch. Er war eigentlich ein normales Kind. Ein stilles Kind. Er konnte Sachen eine lange Zeit anschauen. Zum Beispiel eine Blume. Er betrachtete sie zuerst von allen Seiten, angefangen von dem Stängel, den er mit seinen kleinen Fingern nachzeichnete, fast wie in einer Liebkosung, dann die Blüte, Blatt für Blatt, er schaute in ihr Inneres, nahm die

Blüte dann zur Nase, und atmete ihren Duft ein, machte die Augen schön auf, wenn der Duft angenehm war, und lachte dann ein entzückendes Lachen. Danach zeigte er mir die Blume und ich musste ihn dann den Namen sagen: Rose, Nelke, Jasmin… Das vergaß er dann nie mehr. Genauso machte er es mit allen Tieren und Insekten. Er beobachtete alles ganz genau, dann nahm er sie in seine Hand, schaute von allen Seiten und ließ sie nachher frei. Ich hatte manchmal Angst, weil Er das mit allen Tieren machte, auch mit Skorpionen, Spinnen und Schlangen.

Bald nachdem wir aus Ägypten zurückgekommen waren, war unser Haus ein Treffpunkt der Kinder der Nachbarschaft geworden. Jeden Tag brachte mir Jesus neue Kinder, die er gefunden oder die Ihn gefunden hatten. Das erste Mal brachte er mir ein Mädchen. Sie sah schmutzig aus, hatte sich verletzt und weinte. Er brachte sie zu mir und sagte nur: „Tröste sie!" Ich nahm das Mädchen auf meinen Schoß und sie hörte zu weinen auf. Ich wusch ihr das Gesicht, kämmte ihr Haar und gab ihr ein Stück Brot. Das Kind lachte nur entzückt und ich drückte es an meine Brust. Jesus schaute uns beide mit einem Lächeln zu. Diese Szene wiederholte sich jeden Tag von neuem. Ich wusste nie, für wie viele Leute ich zu kochen hatte. Unser Haus war immer voll Kinder. Kinder die keine Mutter oder keinen Vater mehr hatten, Kinder, die Hunger hatten, Kinder, die verletzt waren, Kinder, die stumm oder blind geboren waren. Tröste sie! Sagte er immer und immer wieder. Und ich tat, was ich konnte! Ich tröstete weinende Kinder und hielte sie fest an meine Brust, bis sie zu lachen anfingen, ich wusch jeden Tag schmutzige Hände und schmierte Aloeöl auf geschundene Knie oder Ellenbogen, und ich gab Brot und

Essen, jedem der Hunger hatte. Manchmal hatten wir nichts mehr für uns, aber Jesus sagte nur: Die ist heute glücklich nach Hause gegangen, und Joseph und ich lachten, obwohl wir vielleicht etwas mehr zu essen gehabt hätten. Manche von den Kindern waren meine Nichten und Neffen. Die Leute fingen an über die Kinder Marias zu sprechen.
Das war meine Schule für später und ich wusste es damals nicht. Es war eine sehr glückliche Zeit.
 Joseph sagte eines Tages:
 „Jesus, es ist Zeit, dass Du meinen Beruf lernst, willst Du mir helfen?"
 „Aber ja, Vater Joseph, sehr gerne. Du weißt, dass ich mich freue, wenn ich Dir bei der Arbeit zuschauen kann. Ich kann schon viel!"
 Joseph lachte glücklich: „Dessen bin ich aber sicher, mein Sohn".
 Ich musste dann auf Jesus ständige Begleitung verzichten und vermisste Ihn sehr, aber ich hörte meine beiden Lieben, wie sie zusammen arbeiteten und freute mich auch für Joseph. Joseph antwortete geduldig auf seine Fragen. Jesus wollte immer wissen, von welchen Baum das Holz sei und wie alt und welche Richtung wäre die beste für die Bearbeitung. Joseph antwortete geduldig auf alle seine Fragen, aber eines Tages hörte ich ihn sagen:
 „Jesus, warum fragst Du? Du weißt das alles schon!"
 Ja, Joseph war kein gesprächiger Mann. Er war ein sehr ruhiger und stiller Mensch, und er wusste, dass er den Wissensdurst von Jesus nicht mehr stillen konnte. Unser Jesus war gerade 12. Er ging mit Joseph jeden Sabbat in die Synagoge. Er blieb mit den anderen Jungen

hinten und hörte auf die Lesungen der Schrift. Zu lesen hatte er schon früh gelernt, aber man ließ ihn noch nicht nach vorne kommen und aus der Tora lesen. Dafür war er noch zu jung. Aber sein Gesicht war voll Aufmerksamkeit, seine Augen waren auf den Rabbi, der die Tora gelesen und erklärt hatte, fixiert und man merkte, dass er mit seiner ganzen Seele dabei war.

Jedes Jahr gingen wir zwei Mal auf Wallfahrt nach Jerusalem. Zum Paschafest und zum Schawynot, das erste Erntedankfest des Jahres. Wir gingen immer mit einer Gruppe Wallfahrer. Die Männer bildeten zwei Gruppen, eine kleine Gruppe marschierte vorne, dann kamen die Frauen mit den kleinen Kindern, danach waren die Jungen, und am Schluss marschierte die zweite Gruppe der Männer. Somit waren die Frauen und die Kinder geschützt, falls etwas passieren würde. Als wir zum Paschafest gingen, war Jesus zuerst bei mir, an meiner Seite. Nach einer Weile sagte er:

„Mutter ich gehe zum Vater Joseph".

Joseph marschierte vorne mit dem Führer der Gruppe. Ich ließ Ihn gehen und konnte dann in aller Stille meinen Weg weiter fortsetzen. Ich versuchte immer die Stille zu bewahren. Wenn Kinder um mich herum waren oder Nachbarsfrauen, da waren, die etwas von mir wollten, , versuchte ich immer so weit ich konnte zu helfen. Auch mit Worten. Aber ich versuchte auch, mich zurückzuziehen, um der Liebe Gottes, die jeden Tag in mir mehr wuchs, Raum zu schaffen. Deshalb war ich auf unseren Wüstenstrecken immer sehr glücklich. Die Wüste hat eine merkwürdige Stille. In der Wüste kann man am Besten mit unserem Schöpfer in Verbindung kommen. Ja, so erreichten wir Jerusalem. Und dann waren wieder drei Tage der Freude gewesen. Auch wenn wir Frauen getrennt von den Männer waren, und ich meine zwei Lieben, Jesus und Joseph, nur von Weitem sehen konnte, spürte ich die Nähe und die Geborgenheit Gottes in diesem wunderschönen Tempel, der von David zu Seiner Ehre errichtet worden war. Wie wunderschön waren diese Tage der Erinnerung an die Befreiung aus der Gefangenschaft des Pharaos gewesen. Wie fröhlich waren die Lieder, wie erhabene die ganze Feier! Die Größe des Tempels sollte eine Ahnung geben von der Größe Gottes. Am Ende der Feier, haben wir Frauen uns umarmt und konnten nur Gott loben, singen und beten. Mit meiner Verwandten Maria, die Frau des Klopas, trat ich den Weg nach Hause zurück an. Diesmal sah ich Joseph hinter uns marschieren, und ich dachte Jesus ist bei ihm.

Die ganze Gruppe war fröhlich. Wir hatten Gott die Ehre gegeben, Opfer gebracht, Ihn angebetet. Das machte uns so froh. Wir haben nur gesungen. Am Abend des ersten Tages bereiteten wir ein Nachtlager. Wir Frauen waren mit den Vorbereitungen des Essens und Backens beschäftigt. Die Männer waren für die Zelte zuständig. Ich sah Joseph, der in seinem Element war. Er konnte von allen Männern am besten mit dem Hammer umgehen und wurde von überall hergerufen. He, Joseph, bitte hilf uns hier! Joseph! hörte ich von der anderen Seite rufen. Auf einmal dachte ich:

„Und Jesus, wo ist Er?" Ich eilte zu Joseph:
„Na, hilft Dir auch Jesus?"
Joseph blickte mich erschrocken an:
„Jesus? Nein, den habe ich den ganzen Tag nicht gesehen!"
„War Er nicht bei Dir, bei der Wanderung jetzt? – Ich merkte, dass ich fast keine Stimme hatte.

„Nein" erwiderte mir jetzt Joseph. „Ich dachte, Er käme mit Dir". Und seine Stimme war fast nicht zu hören, wie ein Seufzer.

„Ich suche bei den Kindern" sagte ich schon rennend in die Richtung, wo ich Kinderstimmen gehört hatte.

„Ich frage die Männer" sagte Joseph ganz rot im Gesicht.

Die Kinder spielten Verstecken, aber ich konnte gerade zwei Freunde Jesus noch fangen und fragen:

„Ist Jesus bei Euch?" Sie schauten mich überrascht an und sagten:

„Jesus? Den haben wir schon seit Tagen nicht gesehen".

Seit Tagen! Diese zwei Worte stachen wie zwei Pfeile in mein Herz. Ja, ich auch.! Ich hatte Jesus seit zwei Tagen nicht mehr gesehen und mir dabei gar nichts gedacht. Wie konnte ich! Was für eine Mutter war ich. Wie konnte ich noch fröhlich sein, wo ich Ihn, den Sohn Gottes, mein Ein und Alles, seit Tagen nicht mehr gesehen hatte?

Ich konnte nicht mehr sprechen. Ich hatte einen Kloß im Hals. Meine Augen füllten sich mit Tränen. Mir wurde schwarz vor Augen. Alles um mich herum verschwand. Ich sah nichts mehr, keine Wüste, keine Leute. Ich konnte nur unter Tränen rufen: „Wo bist Du Jesus?"

Ich rief seinen Name laut, immer und immer wieder, aber keine Antwort kam mir entgegen. Von der anderen Seite hörte ich auch Joseph seinen Namen rufen. Ich ging ihm entgegen:

„Joseph, die Kinder haben Ihn schon seit Tagen nicht mehr gesehen!"

„Die Männer haben mir dasselbe gesagt!" Er ist nicht mit der Karawane zurückgekommen!"

„Aber Joseph, wieso haben wir das nicht bemerkt?"

„Das weiß ich nicht Maria" „Aber Gott weiß, dass ich..."Er konnte nicht weiter sprechen.

Jetzt erinnerte ich mich wieder an die Worte Gabriels: „fürchte Dich nicht"

„ Joseph, komm", sagte ich, „wir werden Ihn finden, wir gehen zurück nach Jerusalem. Wir werden Ihn finden, da bin ich sicher. Gott ist mit uns. Wir müssen Ihn suchen, und wir werden ihn finden"

Ich hatte mich wieder gefangen. Hatte ich nicht die Engelchöre in Erinnerung, die bei seiner Geburt dabei gewesen waren? Alle Engel des Himmels haben Ihn bestimmt geschützt. Ihm ist nichts Schlimmes passiert, dachte ich, aber meine Hände zitterten und meine Knie schwankten. Joseph war auch sehr traurig. Er sagte nur:

„Wenn wir die ganze Nacht marschieren, sind wir morgen früh in Jerusalem,. Glaubst Du, dass Du das schaffst?"

„Ja, Joseph, wir müssen los. Mach dir keine Sorge, ich werde es schon schaffen."

„Aber Wasser trinken müssen wir noch", sagte Joseph mit einem Lächeln.

„Ich hab keinen Durst, Joseph, komm, wir müssen..."drängte ich.

Er nahm einen Schluck aus dem Behälter, der für alle da war, zog seine Sandalen an, nahm seinen Wanderstab und unterhielt sich noch ein bisschen mit dem Führer der Gruppe. Er zeigte mit dem Finger auf den Himmel und zeigte ihm einen Stern. „In diese Richtung solltet Ihr gehen", sagte er. „Schau immer in den Himmel und geht dem Stern nach, dann kann euch nichts passieren."

„Wie die Magier, die zu uns gekommen sind, damals als Jesus so klein war. Wir folgen auch dem Stern," dachte ich.

Sonst war es eine dieser dunklen Nächte, die es auch in der Wüste gibt. Ich spürte die Nähe Gottes nicht mehr. Alles um mich war düster, trocken. Ich hatte keine Kraft. Ich musste meine ganze Energie aufbringen, um einen Schritt nach dem anderen zu tun. Joseph war auch in seine Gedanken versunken. Wir sprachen kaum. Eigentlich kannten wir den Weg. Unzählige Male waren wir ihn schon zusammen gegangen;. Seit jener Nacht im Dezember, in der Jesus zur Welt gekommen war. Das war auch schlimm gewesen, wegen der Kälte und der Unsicherheit. Aber jetzt war etwas anderes. Die Frage war: Was ist Ihm passiert? Warum ist Er nicht mitgekommen? Hat man Ihn vielleicht gefangen genommen? Hatten Ihn die Erben Herodes entdeckt und wollen Ihn töten?"

Endlich erreichten wir Jerusalem. Ich war todmüde, aber ich wollte nicht rasten. Joseph sah auch sehr müde aus. Sein Atem ging schwer, um die Augen hatte er schwarze Ringe, die sein blasses Gesicht dünner erscheinen ließen. Er sah krank aus. Von weitem sahen wir das Haus von Elisabeth und Zacharias. Auf einmal dachte ich mit Freude:

„Bestimmt ist Er bei Ihnen. Er wird gesagt haben, dass wir ohne Ihn weggegangen sind und Elisabeth hat ihn sicherlich freudig aufgenommen, klar…" Joseph", sagte ich dann laut. „Bestimmt ist er bei Elisabeth und Zacharias, glaubst du nicht?" Josephs Blick lichtete sich, als ob er Licht gesehen hätte.

„Aber ja, Maria, bestimmt ist Er bei Elisabeth und Zacharias. Lass uns anklopfen."

Joseph nahm den bronzenen Ring und klopfte ein bisschen zaghaft an die Tür.

Die Sonne war noch nicht aufgegangen. Ein Hahn versuchte mit seinem ersten Schrei die Hühner der Umgebung zu wecken. Im Haus herrschte Stille. Joseph versuchte es zum zweiten Mal und klopfte kräftiger an die Tür. Man hörte im Haus ein Murmel und dann endlich schwere Schritten, die sich der Tür näherten.

Dann eine Männerstimme: „Wer klopft jetzt hier? Was wollt Ihr, mitten in der Nacht? Wer seid Ihr?"

Joseph antwortete: „Zacharias, mach uns bitte auf. Wir sind es, Maria und Joseph. Ist Jesus bei Euch?"

Die Tür ging auf. Ein zerzauster Zacharias erschien an der Tür, mit einer Öllampe in der Hand. „Was sagt Ihr?" „Ihr sucht euren Jesus?" Hier ist Er nicht, aber Ihr seid todmüde, kommt herein, Ihr müsst was trinken und Euch eine Rast gönnen…"

Aber wir waren schon weg. Wir schauten uns nicht an, wir sprachen kein Wort mehr. Dieses Haus war unsere Hoffnung gewesen, und auf einmal waren wir wieder im Dunkeln. In diesem Augenblick ließ einer der ersten Strahlen des neuen Tages den Tempel in ein rosa Licht eintauchen. Es war wie eine himmlische Erscheinung. Der Tempel! Ja, da war Er bestimmt! Joseph erhob das Gesicht und sagte nur: „Lass uns zum Tempel gehen. Dort ist Er bestimmt."

Wir rannten den Berg hoch und endlich kamen wir in den Tempelbezirk. Es war noch sehr früh und die Händler hatten ihre Stände noch nicht aufgebaut. Einige Diener waren dabei, den Vorplatz zu kehren. Eine Wolke Staub stob uns entgegen. Ich musste die Augen schließen. Während ich mit dem Staub kämpfte, hörte ich eine mir sehr geliebte Stimme, die sagte:

„Aber, was meint Ihr will der Prophet Jesaja uns mit diesem Bild sagen?"

Ich öffnete die Augen und was ich sah, ließ mich nur staunen. Jesus, unser kleiner Jesus, saß auf einem Schemel und um ihn herum hatte sich eine Gruppe derÄlteren des Tempels gebildet, die mit Ihm diskutierten. Diese Gelehrten machten nicht den Eindruck des Lehrens sondern des Lernens. Anscheinend war die Diskussion schon lange im Gange. Wahrscheinlich waren alle Anwesenden seit mehreren Stunden zusammen und diskutierten über theologische Fragen. Ohne von einem der Anwesenden bemerkt zu werden, näherten wir uns der Gruppe. Ich hörte wie diese Männer Ihm schwierige Fragen stellten, die Er mit erfrischender Herzlichkeit beantwortete. Die Männer waren erstaunt, einige bewegten nur den Kopf und murmelten einige Worte für sich, andere suchten nach weiteren Fragen in ihren Rollen, um Ihn zu prüfen. Ich war erleichtert, aber zum ersten Mal in meinem Leben auch Jesus gegenüber ein bisschen ungehalten. So war ich die erste von uns, die Ihn fragte:

„Kind, wie konntest Du uns das antun? Dein Vater und ich haben Dich voll Angst gesucht?"

Was jetzt kam, hätte ich nicht erwartet. Er, der bis jetzt alle meinen Wünschen, Befehlen und Rufen, ohne ein Wort des Widerstandes gefolgt war, sagte uns dann:

„Warum habt ihr mich gesucht, wusstet ihr nicht, dass ich in dem sein muß, was meinem Vater gehört?"

Ich stand da, stumm und betroffen. Betroffen weil ich, obwohl ich wusste dass dieses Kind Gottessohn war, Ihn wie ein normales Kind behandelt hatte. Und in

meiner Frage hatte ich vergessen, mit wem ich es zu tun hatte. Joseph sagte auch kein Wort. Jesus aber stand von seinem Schemel auf, gab einem der Gelehrten die Torarolle, die er noch in der Hand gehalten hatte und verabschiedete sich mit einem Schalom von der Gruppe. Danach kam er zu uns, nahm mich bei der Hand und sagte:
„Komm, lass uns gehen!"
In diesem Augenblick wusste ich, dass meine Rolle als treusorgende Mutter beendet war. Ab jetzt würde ich nur seine Magd sein. Jesus, mein Kind, war mein Herr, mein Gott!

Der Evangelist Lukas erzählt weiter:
„Doch sie verstanden nicht, was er damit sagen wollte. Dann kehrte er mit ihnen nach Nazareth zurück und war ihnen gehorsam. Seine Mutter bewahrte alles, was geschehen war, in ihrem Herzen. Jesus aber wuchs heran, und seine Weisheit nahm zu, und er fand Gefallen bei Gott und den Menschen." (Lk 2, 41-52)

JOSEPHS TOD

Obwohl sich äußerlich bei uns nichts geändert hatte, und Jesus wie immer lieb und folgsam war, hatte sich ab diesem Tag doch einiges in unserer Beziehung zu ihm geändert. Wir, Joseph und ich, waren uns bewusster als früher, dass wir das immense Glück gehabt hatten, von Gott dem Höchsten auserwählt gewesen zu sein, mit Ihm unter demselben Dach zu wohnen. Joseph wurde noch stiller, aber seine Augen zeigten seine große Liebe zu uns beiden. Er arbeitete im Hof, und wenn Jesus bei ihm war, um ihm zu helfen, gab er keine Befehle mehr. Er zeigte nur stumm auf die Gegenstände und sah nur wie Jesus die Hölzer brachte oder das richtige Werkzeug, das er mit einem Lächeln in Empfang nahm. Unser Jesus wuchs zu einem kräftigen jungen Mann, er war fröhlich und brachte ständig seine Freunde, die Kinder von früher auch zu uns nach Hause mit.Ich blieb in meiner Rolle der Hausfrau und Mutter, die nicht nur für einen, sondern für viele kochen, putzen und trösten musste.

  Eines Tages, waren Joseph und Jesus wie immer beschäftigt mit ihrer Arbeit, da sah ich von der Tür aus, dass Joseph ganz blass wurde und sich an seiner Bank abstützte, um dann bewusstlos zusammen zu sinken.

  „Jesus!" rief ich erschrocken. „Dein Vater! Hilf mir! Es geht ihm nicht gut!"

  „Ich bin schon da, Mutter" sagte Jesus und nahm den Körper Josephs in seine kräftigen Arme, hob ihn auf und trug ihn ins Haus. Ich folgte ihnen, und wir legten den bewusstlosen Körper auf seinen Schlafplatz. Wir blieben bei ihm. Nach einer Weile merkten wir, wie er unter heftigen Schmerzen litt. Er wendete sich unruhig von einer Seite zu der anderen, sein Brustkorb hob sich und senkte sich ganz schnell und sein Atem ging schwer.

Jesus sah sehr betrübt aus. Nach einer Weile sagte er:

„Mutter, bleibst du bei ihm? Ich muß nämlich in die Werkstatt."

Ich bejahte und blieb an der Seite Josefs. Nach einer Weile überlegte ich, wie ich ihm ein bisschen Erleichterung bringen könnte. Ich nahm ein paar Tücher, wärmte sie vor unserem Ofen und legte sie auf seinen Bauch. Danach ging ich in den Garten und sammelte ein paar Kräuter. Kamille und Minze konnte ich schnell finden, die ich dann mit kochendem Wasser aufbrühte. Das alles dauerte eine Weile, und als ich endlich mit meinem Becher bei ihm ankam, fand ich ihn weinend wie ein verlorenes Kind ohne Mutter.

„"Maria, verlass mich nicht", sagte er, „ohne dich ist alles dunkel".

Diese Schmerzen hatte er schon lange gehabt und in aller Stille gelitten. Ein Tumor wuchs in seinem Inneren und verursachte großes Leiden. Aber jetzt war die Zeit gekommen, wo er sich nicht mehr helfen konnte. In dieser Zeit der Krankheit versuchten wir, Jesus und ich, immer bei ihm zu sein. Wir merkten bald, dass es das Einzige war, was ihm Erleichterung brachte. Dann beteten seine Lippen ohne Unterlass, und ich betete mit ihm oder sang für ihn die Psalmen, die er liebte. Jesus musste in der Werkstatt arbeiten, damit wir etwas zu essen hätten, aber wenn er kam, verbrachte er seine Zeit an der Seite Josefs, und sofort konnte Josef schlafen und fiel in einen Zustand der Ruhe und des Friedens.

So vergingen zwei sehr schwere Monate für uns drei. Eines Tages als Jesus kam, sah er Josefs Gesicht und sagte dann zu mir:

„Mutter, ich glaube wir müssen uns heute von ihm verabschieden."

„Ja, Jesus" sagte ich. „ Der Wille des Herrn sei gelobet."

Und ich merkte, dass ich einen trockenen Mund bekam, und dass mein Herz zusammenschrumpfte. Ich schaute Josefs Gesicht an. Seine Augen waren eingefallen, Nase und Mund zeigten die Nähe des Todes. Meine Augen füllten sich mit Tränen, ich fühlte einen großen Schmerz. In diesem Augenblick spürte ich die Hand Jesus auf meiner Schulter, und als ich mein Gesicht erhob, sah ich, dass er auch Tränen in den Augen hatte und die linke Hand Josefs in seiner rechten Hand hielt, während seine Lippen beteten. Ich ging auf die andere Seite des Bettes und nahm Josefs rechte Hand in meine Hände. Ich versuchte zu beten, mit meinem Herrn zu sprechen, ich versuchte ihm zu sagen, dass ich seinen Willen annehme, auch wenn es weh tut. Und es tat sehr weh. In diesem Augenblick öffnete Josef seine Augen, blickte um sich herum, schaute mich mit immenser Liebe in seinem Blick an, und dann blickte er Jesus an. Die Blicke von beiden werde ich nie vergessen. Jesus hob seine rechte Hand und segnete Ihn. Das hat mich sehr bewegt; und Josef auch. Eine Träne rollte über seine eingefallenen Wangen. Er wollte etwas sagen, hatte aber keine Kraft mehr, nur ein Lächeln konnten seine Lippen zeichnen. Ich merkte, wie seine Finger in meiner Hand mir noch einen letzten Gruß schicken wollten, sein

Gesicht strahlte jetzt eine Ruhe und eine Schönheit aus, wie ich sie an ihm noch nie gesehen hatte. Er blickte uns noch einmal an und hörte zu atmen auf.

„Weine nicht, Mutter", - sagte Jesus-„Er ist beim Vater. Ihm geht es gut"
„Ja, Jesus „– sagte ich. „Aber wir müssen jetzt hier ohne ihn auskommen und das tut sehr weh".
„Wir werden ihn nie vergessen und er wird immer zusammen mit uns bleiben, nicht nur in unserer Erinnerung sondern auch in den Gebeten und Gedanken aller zukünftigen Generationen", sagte Jesus. Und zu mir sagte Er dann:
„Mutter, ich werde bei dir bleiben. Du brauchst dir jetzt keine finanziellen Sorgen machen. Ich bin ein guter Handwerker. Vater Joseph hatte mich alles, was ich in meinem Beruf brauche gelehrt. Wir werden schon nicht verhungern."
Und so begann für uns beiden eine Zeit der Arbeit und der Vorbereitung auf das, was danach kommen sollte.
„Mutter," sagte Er manchmal, „Du musst auch vorbereitet sein. Ich werde nicht immer hier bleiben können. Deshalb ist es wichtig, dass Du nicht alleine bleibst. Meine Freunde werden bei dir sein, wenn ich hier bei dir nicht mehr bin."
Darüber wollte ich aber nicht viel wissen. Ein Leben ohne Ihn konnte ich mir nicht vorstellen. Die drei Tage ohne Ihn, damals, hatten mir schon gezeigt, dass ohne Ihn kein Leben für mich mehr möglich wäre.

Unser Haus wurde wie immer weiterhin von den Freunden Jesu besucht und bewohnt. Jakobus, einer der ältesten, seit seiner Kindheit eng mit Ihm befreundet, wurde von allen „der Bruder Jesu" genannt. Später war er einer der Apostel die Ihn folgten. Einige Freundinnen von den ersten Stunden, blieben mir auch treu und versuchten auch, mir nach dem Tod Josephs zu helfen.

JESUS MIT MIR IN NAZARETH

Es vergingen die Jahre. Manche seiner Freunde heirateten, hatten Kinder. Ich, ahnungslose Frau dachte, Er sollte auch heiraten. Zaghaft zeigte ich Ihm einige Mädchen, die ich besonders schätzte, Er aber lächelte nur und sagte: „Mutter, ich brauche keine Frau. Ich habe mein Leben in Gottes Hand gelegt. Es ist gut so".

„Aber Jesus", sagte ich, "sogar die Rabbiner und die Priester heiraten. Heiraten und Familie gründen ist Gottes Gesetz".

„Gott hat etwas anderes für mich vorgesehen", sagte Er dann ruhig und ging seine Arbeit nach.

Diese Jahre zu zweit in Nazareth, waren auch für mich die schönsten Jahre meines Lebens. Wir standen sehr früh auf, bevor die Sonne ihre ersten Strahlen zur Erde schickte. Jesus holte Wasser aus dem Brunnen und wusch sich sorgfältig, dann brachte er mir Wasser ins Haus, damit ich mich auch waschen konnte. Danach trafen wir uns im Hof und beteten zusammen. So fing ich mit einem Psalm an und er folgte dann mit eigenen Lobpreisungen und Gebeten. Manchmal dauerte das mehrere Stunden, aber wir merkten nicht, wie die Zeit verlief. Danach ging ich ins Haus, um eine kleine Mahlzeit vorzubereiten. Jesus hatte währenddessen schon angefangen zu arbeiten. Ich brachte Ihm sein Essen und blieb stehen dabei, bis Er fertig gegessen hatte. Um die Mittagszeit kam ich wieder zu Ihm und wir beteten zusammen, danach aßen wir. Oft waren wir dann nicht mehr allein, und dann konnte Er immer schöne

Geschichten erzählen. Seine Freunde hörten Ihm mit Begeisterung zu und waren enttäuscht, wenn Er auf einmal sagte: „Und jetzt muss ich aber arbeiten, morgen erzähle ich Euch weiter".

JESU TAUFE UND DIE HOCHZEIT VON KANA

Er wurde dreißig und war immer noch bei mir in Nazareth. Eines Tages aber sagte Er zu mir:
„Mutter, ich glaube, dass ich jetzt gut vorbereitet bin auf das, wozu ich hier bin. Ich muss den Willen meines Vaters erfüllen. Meine Zeit dafür ist jetzt gekommen. Ich muss gehen, Du wirst von mir hören. Du wirst auch viel Kraft brauchen. Opfere deinen Schmerz, damit ich mehr Kraft bekomme. Es wird nicht leicht sein, weder für mich noch für dich. Aber bedenke, dass Gott, unser himmlischer Vater, mit uns ist. Weine nicht".

Danach drückte er mich fest in seinen Armen, küsste meine Stirn, hob seinen rechten Arm, segnete mich, wie er es bei Joseph getan hatte und verließ unser Haus. Ab jetzt musste ich mich zufrieden geben, wenn ich Ihn von weitem sah oder von Anderen über Ihn hörte. Als Er sich von mir verabschiedete, wusste ich nicht wohin Er gehen wollte. Ich traute mich nicht, Ihn danach zu fragen. Ich war seine Magd. Er war mein Herr. Ich durfte Ihm keine Fragen stellen.

Er ging von mir weg und nahm gar nichts mit, außer einem Wanderstab. Ich wusste nicht, dass Er in die Wüste gehen wollte. Ich hätte Ihm angefleht, mindestens einen Wasserbehälter mitzunehmen. Er aber nahm nichts mit. Später habe ich von seinen Freunden gehört, dass Er 40 Tage und Nächte alleine in der Wüste geblieben ist. Versunken im Gebet. Ohne Essen und Trinken.

Von dort ging er zu seinem Vetter Johannes, der am Jordan Leute zu einem Lebenswandel animierte, indem er rief:

" *Ich bin die Stimme, die in der Wüste ruft: Ebnet den Weg für den Herrn"*, und mit Wasser taufte. Jesus stellte sich auch in die Reihen derer, die sich taufen lassen wollten. Als Johannes, das Kind, das damals meinem Sohn schon in Mutterleib gegrüßt hatte, meinen Sohn Jesus sah, sagte er:

„Seht, das Lamm Gottes "

Als ich darüber hörte, konnte ich zuerst nicht verstehen, was damit gemeint war.
Über diesen Satz habe ich viel nachgedacht. Was sollte das sein? Jesus das Lamm Gottes? Sollte man Ihn opfern? Was heißt, dass Jesus die Sünde der Welt trägt? Er, der ohne Sünde ist.

Ich habe so vieles nicht verstanden. Aber eine Vorahnung von dem, was Er zu leiden haben würde, hatte ich schon gehabt. Ich dachte oft an die Worte Simeons im Tempel von Jerusalem, als Jesus beschnitten wurde. Und ich überlegte, wie stark ich wäre und wie viel Leid zu ertragen ich in der Lage wäre.

Kurz darauf verließen einige seiner Freunde, meine Kinder, Nazareth und zogen hinter Jesus her. Sie sagten, sie könnten nicht ohne Ihn leben. Dann hörte ich auch, dass er einige neue Jünger hatte, Fischer, die alles verlassen hatten, Familie, Beruf, Dorf, um mit ihm zu gehen. Das freute mich sehr, weil ich nicht wollte, dass Er alleine durch die Welt ging.

Eines Tages waren wir beide zur Hochzeit eines seiner Freunde eingeladen. Die Hochzeit fand in Kana statt. Ein kleines Dorf in der Nähe von Nazareth, fast am See Genezareth gelegen. Wir kannten beide Familien gut, und waren sehr glücklich bei dem Fest anwesend sein zu dürfen. Ich freute mich besonders, weil ich wusste, bei diesem Fest würde ich Jesus und seine Freunde treffen. Wir beide freuten uns sehr auf unser Wiedersehen. Es war ein schöner heißer Tag gewesen, und viele Leute waren gekommen, um mit dem Brautpaar zu singen und zu tanzen, wie es bei uns Brauch war, und natürlich, um sich verköstigen zu lassen. Die Leute hatten früh angefangen zu trinken und auf einmal hörte ich, wie ein Diener zu seinem Herrn lief und sagte: „Herr, unsere Weinvorräte sind ausgegangen, wir haben keinen Wein mehr". Der Vater des Bräutigams lief rot im Gesicht an und sagte: „Wie ist das möglich, ich hatte gut gerechnet und hatte über die letzten drei Jahre Wein gespart, damit wir bei diesem Fest genügend Wein für unsere Gäste hätten. Das ist eine fürchterliche Blamage!"

Ich hatte das alles gehört und mir taten die Leute sehr leid. Also, dachte ich, dass Jesus, mein Sohn etwas unternehmen könnte. Ich hatte ein solches Vertrauen in ihm. Also ging ich zu ihm. Was folgte, hat uns der Evangelist Johannes erzählt. Hier sein Bericht:

„Am dritten Tag fand in Kana in Galiläa eine Hochzeit statt, und die Mutter Jesu war dabei. Auch Jesu und seine Jünger waren zur Hochzeit eingeladen. Als der Wein ausging, sagte die Mutter Jesu zu ihm: Sie haben keinen Wein mehr. Jesus erwiderte ihr: was willst Du von mir, Frau? Meine Stunde ist noch nicht gekommen. Seine Mutter sagte zu den Dienern: Was er euch sagt, das tut!

Es standen dort sechs steinerne Wasserkrüge, wie es der Reinigungsvorschriften der Juden entsprach; jeder fasste ungefähr hundert Liter. Jesus sagte zu den Dienern: füllt die Krüge mit Wasser! Und sie füllten sie bis zum Rand. Er sagte zu ihnen: Schöpft jetzt und bringt es dem, der für das Festmahl verantwortlich ist. Sie brachten es ihm. Er kostete das Wasser, das zu Wein geworden war. Er wusste nicht, woher der Wein kam; die Diener aber, die das Wasser geschöpft hatten, wussten es. Da ließ er den Bräutigam rufen und sagte zu ihm: Jeder setzt zuerst den guten Wein vor und erst, wenn die Gäste zuviel getrunken haben, den weniger guten. Du jedoch hast den guten Wein bis jetzt zurückgehalten. So tat Jesus sein erstes Zeichen, in Kana in Galiläa und offenbarte seine Herrlichkeit, und seine Jünger glaubten an ihn. Danach zog er mit seiner Mutter, seinen Brüdern und seinen Jüngern nach Kafarnaum hinab. Dort blieben sie einige Zeit."

Das Wunder des Weines in Kana hatte mich mit Dankbarkeit erfüllt. Einige meinten, Er hätte mich nicht Frau nennen sollen, sondern vielleicht auch Mutter...Darüber habe ich nie nachgedacht. Er hatte bestimmt seine Gründe. Hauptsache war, dass Er, um meinen Wunsch zu erfüllen, das Unmögliche möglich gemacht hatte. Und ich war sehr froh darüber. Die Jünger Jesu erzählten danach oft, wie gut der Wein bei dieser Hochzeit geschmeckt hatte. Darüber sprachen sie immer, wenn sie müde oder hungrig waren, in der Hoffnung, dass Jesus vielleicht Steine in Brot oder Wasser in Wein verwandeln würde. Aber das machte Er nicht mehr.

WARTEND AUF NACHRICHTEN

Nach der Hochzeit in Kana trennten sich unsere Wege. Ich ging zurück zu unserem Häuschen in Nazareth, jetzt so leer ohne Ihn, und wartete auf Ihn. Er und seine neuen Freunde wanderten umher. Sie waren immer unterwegs. Sie hatten nur den Himmel, den sie schon als ihr Zuhause betrachteten, über ihren Köpfen. Aber die Sonne brannte bei Tag, und die Nächte waren manchmal kalt. Tagsüber wanderten sie von Dorf zu Dorf, und die Leute warteten schon auf Jesus. Meistens waren es Kranke, Arme, Aussätzige. Sie hatten von Jesus gehört, und in ihren Augen leuchtete die Hoffnung. Diese Hoffnung wurde in vielen Fällen von meinem Sohn erfüllt. Manchmal mit der bloßen Berührung des Saumes seines Gewandes, meistens war aber auch das direkte Gegenüber nötig.

Für mich war es jedes Mal ergreifend zu hören, mit welcher Liebe und Hingabe Er sich den Kranken und Aussätzigen erbarmt hatte, und Ihnen Ihre menschliche Würde und gesellschaftliche Annerkennung mit der Heilung wieder gegeben hatte.

Es waren auch Frauen in seiner Nachfolge, und es war für mich beruhigend es zu wissen, denn die Gruppe Jünger, die Jesus nachfolgte, wurde immer größer. Die Frauen waren diejenigen, die wussten, wie man Mahlzeiten vorbereiten konnte, und sie taten es gerne. Einige, hörte ich, waren sogar reich und hatten ihr Geld allen zur Verfügung gestellt.

Nicht nur die Frauen gaben ihr Geld mit Freude aus. Obwohl die Tasche jeden Tag leer wurde, denn zuerst wurden die Armen mit den Almosen gespeist, und mit dem Rest wurde das Essen des Tages gekauft. Was übrig blieb, wurde verteilt. Sie lebten von der Vorsehung, und sie hatten weder Vorräte noch Geldbeutel. Manchmal wurden sie von vornehmen Leuten eingeladen, und dann haben alle gegessen und getrunken. Einige Priester und Pharisäer, die meinem Sohn vom Anfang an nicht leiden konnten, verbreiteten überall die Nachricht, dass die Gruppe um Jesus herum sich aus Sündern, Sünderinnen und Trinkern gebildet hatte.

Solche Sachen zu hören war für mich besonders schmerzhaft, und ich fürchtete, dass mein Sohn unter dem Hass solcher Leute sehr zu leiden haben würde. Eines Tages kamen die alten Kinder von damals zu Besuch. Jakobus, Josef, Simon und Judas hatten etwas auf dem Herzen.

„Mutter Maria", sagten sie zu mir wie früher, „weißt du, wo Jesus jetzt ist?"

„Nein", sagte ich.

„Er ist in Cafarnaum, ganz in der Nähe, wir werden dorthin wandern, um ihn zu sehen. Willst Du uns begleiten?"

„Oh ja", sagte ich voller Freude. Es war nämlich fast ein Jahr her, seit ich ihn das letzte Mal in Cana gesehen hatte, und ich hatte eine solche Sehnsucht nach ihm. Wir machten uns auf den Weg.

Es ist immer eine schöne Wanderung rund um den See von Galiläa, vor allem im Sommer. Die Sonne schien vom Himmel, aber eine Brise kam von der See, und wir spürten die Hitze kaum. Ich war so voller Freude. Ich werde ihn sehen, dachte ich, erleben wie er Kranke heilt, Leute unterrichtet, Kinder segnet, hören wie er von seinem himmlischen Vater redet, von dem Weg zum Himmel.

Die jungen Männer, die mich abgeholt hatten, marschierten ein bisschen hinter mir her. Sie sprachen wenig mit einander, aber ich war in meinen Gedanken versunken und merkte nicht, dass sie eine andere Absicht hatten. Sie wollten Jesus, sogar mit Gewalt zwingen mitzukommen. Sie hatten Angst um ihn, um sein Leben, sie dachten, *„Er wäre von Sinnen",* deshalb brauchten sie mich in ihrer Begleitung. Aber das wusste ich damals nicht.

Als wir in der Nähe von Cafarnaum ankamen, sahen wir von weitem eine Menschentraube, die sich vor einem Haus versammelt hatte. Man konnte von unserem Platz aus nichts hören und nichts sehen. Ich versuchte mich auf die Zehenspitzen zu stellen, aber die Männer, die vor mir waren, versperrten mir die Sicht.

Einer meiner Begleiter rief dann laut: „Macht doch Platz! seine Mutter und seine Verwandten sind hier, macht doch Platz…!"

Die Leute waren beeindruckt und reagierten zuerst zögernd, dann nach einer Weile rückten sie enger zusammen, und wir konnten ein wenig nach vorne gehen. Und auf einmal hörte ich seine geliebte Stimme, die sagte:

„Wer ist meine Mutter, und wer sind meine Geschwister? ... und nach einer Pause: *„Alle, die den Willen meines Vaters erfüllen."*

Mir blieb das Herz stehen. Wollte er mich nicht in seiner Nähe haben? Meine Augen füllten sich mit Tränen, und ich spürte in meinem Herzen einen unermesslichen Schmerz. Ich überlegte, ob ich ihn verletzt hätte, ob ich nicht dem Willen seines Vaters gehorcht hätte. Aber dann dachte ich, ich wäre selber verrückt, wenn ich an seiner Liebe zu mir zweifeln würde. Im Gegenteil, ich sollte froh sein, denn mit dieser Aussage, hatte er allen Leute ein Ziel vor Augen gestellt, nämlich…"wenn Ihr den Willen meines Vaters erfüllt, dann seid ihr mir so lieb, wie meine Mutter es mir ist. Wir sind alle Kinder des ewigen Vaters. Wir alle sind eins in Gott.

Meine Begleiter aber fühlten sich von Jesus in ihrer Absicht durchschaut und schämten sich sehr. Jakobus sagte:

„Mutter, wie konnte ich nur denken, dass er den Willen seines Vaters nicht erfüllen würde…Aber ich kann ohne ihn nicht leben. Ich bleibe bei ihm".

Ich sagte: „Es ist gut. Bleibe bei ihm. Ich gehe aber zurück nach Nazareth. Dort ist mein Platz. Dort soll ich bleiben. Dort will mich der Herr haben und nicht hier. Gelobt sei der Herr!

Matthäus, Lukas und Markus haben diese Episode meines Lebens in ihren Evangelien festgehalten. Hier ist der Bericht von Markus:

„Da kamen seine Mutter und seine Brüder; sie blieben vor dem Haus stehen und ließen ihn herausrufen. Es saßen viele Leute um ihn herum, und man sagte zu ihm: Deine Mutter und deine Brüder stehen draußen und fragen nach dir. Er erwiderte: Wer ist meine Mutter, und wer sind meine Brüder? Und er blickte auf die Menschen, die im Kreis um ihn herumsaßen, und sagte: Das hier sind meine Mutter und meine Brüder. Wer den Willen Gottes erfüllt, der ist für mich Bruder uns Schwester und Mutter" (Markus 3 (31-35)

Ich wunderte mich immer wieder über seine Art zu sprechen. Ich mochte vor allem seine Gleichnisse. „Das Himmelsreich ist wie..." fing er immer seine Predigten an, und sofort waren alle Leute still, um ja kein Wort von Ihm zu verpassen. Er sprach für uns alle, die wie ich, einfache Menschen waren. Und alle haben Ihn verstanden. Seine Worte hatten etwas, das einmal Simon Petrus so ausgedrückt hatte: „Herr, nur Du hast Worte ewigen Lebens"

Ich saß Zuhause und wartete. Ich versuchte meinen Sohn im Gebet zu begleiten. Ich war immer im Gebet. Ich bat Gott den Schöpfer um Schutz für meinen Sohn und auch die heiligen Engel bat ich, dass sie Ihn vor allen Gefahren schützen mögen.

Meine Haustür war immer offen und fast jeden Tag kam jemand vorbei, der mir über die neueren Wunder, die mein Sohn gewirkt hatte, unterrichtete.

Die Priester in der Synagoge erwiderten meinen Gruß nicht mehr und auch manche Pharisäer schauten mich mit hasserfüllten Blicken an. Ich konnte merken, dass Er sich mit seinen Predigten und Wundern nicht nur Freunde gemacht hatte und mein Herz füllte sich mit Angst um sein Leben.

Einige von diesen Priestern und Pharisäern verfolgten meinen Sohn, wo immer Er ging. Mit Schreibutensilien beladen versuchten sie, alles aufzuschreiben, was er sagte, um damit genügend Beweise zu sammeln, um ihn vor Gericht zu bringen. Natürlich - was er sagte, war für sie ein Skandal. Nicht mehr Zahn-um-Zahn, sondern Verzeihung war das erlösende Wort. Nicht hassen, sondern lieben, nicht strafen, sondern vergeben, nicht um tausend Gebote. Um die Reinigung des Körpers zu achten, sondern um die Reinigung der Seele ging es. Nicht den Schriftgelehrten und Reichen sondern den Armen wird Gottes Reich gehören. Schließlich ein reines Herz haben wie die Kinder, dann würde man Gott sehen können. Auch eines Tages, an einem Sabbat seine Jünger einige Ähren gepflückt hatten, um ihren Hunger zu stillen, regten sich die Pharisäer darüber sehr auf. Jesus aber sagte:

„Der Sabbat ist für die Menschen da und nicht die Menschen für den Sabbat."

Darf man auch nicht am Sabbat heilen? Darf man nicht einen Ochsen am Sabbat retten, warum denn nicht einen Menschen auch am Samstag heilen?
Aber Ihr sollt eure Feinde lieben, eure Frauen ehren und vergeben und nicht richten und steinigen. Es gilt in diesem Reich Gottes nicht mehr die Zahn um Zahn-Regel, sondern bezahlt Böses mit Gutem und segne deine Feinde und Verleumder. Und dann sagte er: Gott ist unser Vater, ein liebender Vater. Ihr sollt euch an Ihn wenden mit Vertrauen. So sollt Ihr beten:

„Unser Vater, der Du bist im Himmel, geheiligt werde Dein Name, Dein Reich komme, Dein Wille geschehe, wie im Himmel so auch auf Erden. Unser tägliches Brot, gibt uns heute, und vergib uns unsere Schuld wie wir auch vergeben unseren Schuldigern und führe uns nicht in Versuchung sondern erlöse uns von den Bösen. Amen."

Wie froh war ich über dieses Gebet! Gott der Allmächtige war unser Vater. Er war mein Vater. Wir alle waren seine Kinder. Was für ein wunderbarer Gedanke! Und Jesus sprach immer von Gott, dessen Namen wir uns nie auszusprechen getraut hatten, als von seinem und von unserem Vater. Wir waren unendlich glücklich über diese Offenbarung. Gott war uns so nahe, wie niemals zuvor. Wie habe ich Ihn geliebt!

Aber die Pharisäer sammelten mit großem Eifer solche Zitate von ihm und diskutierten sehr aufgeregt darüber in ihren Versammlungen.

Und so vergingen drei Jahre. Inzwischen waren seine Freunde von der ersten Stunde auch vom Volk sehr respektiert geworden. Es waren zwölf. Der Älteste war Simon Petrus, der jüngste war Johannes. Sie waren jetzt seine Familie. Sie sorgten auch für Ihn, versuchten ihn vor den Leuten abzuschirmen, wenn Er Ruhe brauchte und waren immer um Ihn. Johannes hat Vieles von dem, was mein Sohn gesagt hatte, aufgeschrieben. Das könnt Ihr alles in seinem Evangelium lesen. Ich will euch nun von einem Wunder erzählen, das die Gemüter der Menschen sehr erregt hat.

DIE VERMEHRUNG DER BROTE

Eines Tages hatte ich gerade Wasser aus meinem Brunnen heraus geschöpft, um die Morgenwaschung zu machen, da hörte ich eine Gruppe Frauen und Männer, die ganz aufgeregt zu sein schienen.

„Maria!" schrie eine Nachbarin zu mir herüber, „Dein Jesus ist der Messias! Er ist der, der kommen soll, um uns zu erlösen, um uns zu führen".

Ich schaute sie ein bisschen überrascht an, weil sie eine derjenigen war, die mich immer mit den letzten Nachrichten über die „schlechten" Taten meines Sohnes überraschte. Alles, was Er gesagt hatte gegen die Schriftgelehrten und Pharisäer oder gegen das Gesetz!

„Was hat Er diesmal gemacht?" fragte ich ganz ruhig.

„Stelle Dir mal vor, Maria", schrie sie. „Er hat tausende von Menschen mit Brot gesättigt. Wenn Er das kann, dann haben wir keine Not mehr auf dieser Erde. Wir brauchen nicht mehr zu arbeiten, er heilt uns, wenn wir krank werden und gibt uns zu essen…Komm, wir wollen nach Jerusalem. Dort sollen wir Ihn empfangen und mit den anderen gehen. Er wird unser König sein. Komm mit uns, bitte!

Ich schaute sie an, und sagte kein Wort mehr. Ich überlegte, dass wenn Er das einmal getan hatte, es nicht bedeutete, dass Er das jetzt immer machen würde. Ich dachte an das Fest in Kana. Er hatte Wasser in Wein verwandelt Und jetzt…

Ich fragte nur: „Wie ist das geschehen?"

Was sie mir sagte ist nicht so wichtig. Ich erzähle euch wie der Evangelist Johannes dieses Geschehen erlebt und erzählt hat:

„Danach ging Jesus an das andere Ufer des Sees von Galiläa, der auch See von Tiberias heißt. Eine große Menschenmenge folgte ihm, weil sie die Zeichen sahen, die er an den Kranken tat. Jesus stieg auf den Berg und setzte sich dort mit seinen Jüngern nieder. Das Pascha, das Fest der Juden, war nahe. Als Jesus aufblickte und sah, dass so viele Menschen zu ihm kamen, fragte er Philippus: Wo sollen wir Brot kaufen, damit diese Leute zu essen haben? Das sagte er aber nur, um ihn auf die Probe zustellen; denn er selbst wusste, was er tun wollte. Philippus antwortete ihm: Brot für zweihundert Denare reicht nicht aus, wenn jeder von ihnen auch nur ein kleines Stück bekommen soll. Einer seiner jünger, Andreas, der Bruder des Simon Petrus, sagte zu ihm: Hier ist ein kleiner Junge, der hat fünf Gerstenbrote und zwei Fische: doch was ist das für so viele! Jesus sagte: Laßt die Leute sich setzen! Es gab dort nämlich viel Gras. Da setzten sie sich; es waren etwa fünftausend Männer. Dann nahm Jesus die Brote, sprach das Dankgebet und teilte an die Leute aus, soviel sie wollten; ebenso machte er es mit den Fischen. Als die Menge satt war, sagte er zu seinen Jüngern: Sammelt die übrig gebliebenen Brotstücke, damit nichts verdirbt. Sie sammelten und füllten zwölf Körbe mit den Stücken, die von den fünf Gerstenbroten nach dem Essen übrig waren. Als die Menschen das Zeichen sahen, das er getan hatte, sagten sie: Das ist wirklich der Prophet, der in die Welt kommen soll. Da erkannte Jesus, dass sie kommen würden, um ihn in ihre Gewalt zu bringen und zum König

zu machen. Daher zog er sich wieder auf den Berg zurück, er allein. (Joh.6,1-15)

Ich habe mich gefreut, als ich das hörte, aber als ich die Gesichter der Menschen sah, die alle nach Jerusalem wollten, um meinem Sohn als König zu huldigen, bekam ich auch Angst. Die Erwartungen, die diese Leute an Ihn haben, wird Er nie erfüllen, sein Königsreich ist nicht von dieser Welt, dachte ich mit Besorgnis.

Aber ich nahm mein kleines Bündel und zog mit der Gruppe nach Jerusalem. Alle waren wie betrunken. Die Menschen sangen fröhliche Lieder, tanzten in den Ruhepausen mit Tamburinen und Zimbeln die alten Reigentänze und lachten unentwegt. Ich versuchte meine innere Stille zu bewahren. Sie ließen mich in Ruhe. Sie behandelten mich mit Respekt. Auf einmal war ich ein wichtiger Mensch. Die Mutter des erwarteten Messias!

Ich versuchte meine Gedanken auf das Paschafest zu konzentrieren. Wie oft war ich schon da gewesen! Der Tempel Gottes, mein Tempel, wo ich einige Jahre meiner Kindheit Gott gedient hatte… wie nah fühlte ich mich dort dem Allerhöchsten! Ich würde in Jerusalem zusammen mit Jesus dieses Paschafest feiern! Was für eine freudige Erwartung hatte ich auch in meinem Inneren! Aber die Menschen, die mich begleiteten, wollten etwas Anderes von meinem Sohn. Und ich hatte Angst. Wie werden sie reagieren, wenn sie merken, dass Jesus nicht auf ihre Bitten eingeht? Er wird bestimmt einige Kranke heilen, aber nicht alle, und sicherlich wird er keine Steine mehr in Brot verwandeln oder in Gold, wovon manche träumten.

Nahe bei Jerusalem machten wir Station in Betanien. Ich wusste, dass dort Jesus oft als Gast bei einer reichen Familie gewesen war. Die Eltern waren schon gestorben, aber im Haus lebten noch drei Geschwister: Lazarus, Marta und Maria. Lazarus war in Betanien geblieben, obwohl er am liebsten auch Jesus als Jünger nachgefolgt wäre,. Aber als einziger Bruder musste er auf seine jüngeren Schwestern aufpassen und deshalb blieb er dort. Sein Haus war stets offen für Jesus und seine Jünger. Es war ihm egal, ob Jesus mit drei oder mit dreizehn Leuten erschien. Alle wurden aufgenommen und bewirtet mit Essen, Trinken und mit einem Lager zum Ausruhen. Lazarus und Maria lauschten dann den Worten Jesu und konnten nie genug davon haben. Marta war eine gute Hausfrau und sorgte gebührend für ihre Gäste, doch manchmal war es auch für sie ein bisschen zuviel. Einmal hat sie sich sogar bei meinem Sohn beklagt, dass ihre Schwester keine Hilfe für sie wäre, wo sie so viel zu tun hätte, aber Jesus hat Maria verteidigt.

Das erzählt uns der Evangelist Lukas (10,38-42)
Sie zogen zusammen weiter, und er kam in ein Dorf. Eine Frau namens Marta nahm ihn freundlich auf. Sie hatte eine Schwester, die Maria hieß, Maria setzte sich dem Herrn zu Füßen und hörte seinen Worten zu. Marta aber war ganz davon in Anspruch genommen, für ihn zu sorgen. Sie kam zu ihm und sagte: Herr, kümmert es Dich nicht, dass meine Schwester die ganze Arbeit mir allein überlässt? Sag ihr doch, sie soll mir helfen! Der Herr antwortete: Marta, Marta, Du machst Dir viele Sorgen und Mühen. Aber nur eines ist notwendig. Maria hat das Bessere gewählt, das soll ihr nicht genommen werden."

Und es war hier in diesem Dorf, wo wir eine Ruhepause machten und hörten, dass vor wenigen Tagen Jesus auch hierher gekommen war und Lazarus, der schon drei Tage zuvor beerdigt worden war, auferweckt hatte.

DIE AUFERWECKUNG DES LAZARUS

Ich bin auch öfter in Betanien gewesen, ich kannte diese Freunde Jesu. Und ich liebte sie sehr. Ich war den zwei Schwestern Marta und Maria und natürlich auch Lazarus sehr dankbar. Es war für mich eine Beruhigung zu wissen, dass es in der Nähe von Jerusalem einen Ort gab, wo mein Sohn fast wie Zuhause empfangen wurde. Aber die Geschichte, die ich jetzt hörte, war so erstaunlich, dass wenn ich sie nicht von diesen lieben Menschen selbst gehört hätte, ich sie vielleicht nicht hätte glauben können. Während Marta mir und vielen meiner Begleiter die Geschichte erzählte, hörten die Leute, die aus Nazareth gekommen waren, mit immer mehr Enthusiasmus zu. „Er ist unser König!" riefen sie voller Begeisterung. Er besiegt sogar den Tod!"
Und viele von denen kamen zum Glauben an Ihn.

Der Evangelist Johannes erzählt uns diese Geschichte so:

„Ein Mann war krank, Lazarus aus Betanien, dem Dorf, in dem Maria und ihre Schwester Marta wohnten. Maria ist die, die den Herrn mit Öl gesalbt und seine Füße mit ihrem Haar abgetrocknet hat, deren Bruder Lazarus war krank. Daher sandten die Schwestern Jesus die Nachricht: Herr, Dein Freund ist krank. Als Jesus das hörte, sagte er: Diese Krankheit wird nicht zum Tod führen, sondern dient der Verherrlichung Gottes: Durch

sie soll der Sohn Gottes verherrlicht werden. Denn Jesus liebte Marta, ihre Schwester und Lazarus. Als er hörte, dass Lazarus krank war, blieb er noch zwei Tage an dem Ort, wo er sich aufhielt. (Jo.11, 1-6)
Dann sagte er zu ihnen: Lazarus unser Freund, schläft; aber ich gehe hin, um ihn aufzuwecken. Da sagten die Jünger zu ihm: Herr, wenn er schläft, dann wird er gesund werden. Jesus hatte aber von seinem Tod gesprochen, während sie meinten, er spreche von dem gewöhnlichen Schlaf. Daraufhin sagte ihnen Jesus unverhüllt: Lazarus ist gestorben. Und ich freue mich für euch, dass ich nicht dort war; denn ich will dass ihr glaubt. Doch wir wollen zu ihm gehen. Da sagte Thomas, genannt Didymus (Zwilling) zu den anderen Jüngern: Dann lasst uns mit ihm gehen, um mit ihm zu sterben. Als Jesus ankam, fand er Lazarus schon vier Tage im Grab liegen. Betanien war nahe bei Jerusalem, etwa fünfzehn Stadien entfernt. Viele Juden waren zu Marta und Maria gekommen, um sie wegen ihres Bruders zu trösten. Als Marta hörte, dass Jesus komme, ging sie ihm entgegen, Maria aber blieb im Haus. Marta sagte zu Jesus: Herr, wärst Du hier gewesen, dann wäre mein Bruder nicht gestorben. Aber auch jetzt weiß ich: Alles, worum Du Gott bittest, wird Gott Dir geben. Jesus sagte zu ihr: Dein Bruder wird auferstehen. Marta sagte zu ihm: Ich weiß, dass er auferstehen wird bei der Auferstehung am Letzten Tag. Jesus erwiderte ihr: Ich bin die Auferstehung und das Leben. Wer an mich glaubt, wird leben, auch wenn er stirbt, und jeder, der lebt und an mich glaubt, wird auf ewig nicht sterben. Glaubst Du das? Marta antwortete ihm: Ja, Herr, ich glaube, dass Du der Messias bist, der Sohn Gottes, der in die Welt kommen soll.

*Nach diesen Worten ging sie weg, rief heimlich ihre
Schwester Maria und sagte zu ihr: Der Meister ist da und
lässt Dich rufen. Als Maria das hörte, stand sie sofort auf
und ging zu ihm. Denn Jesus war noch nicht in das Dorf
gekommen: er war noch dort wo ihn Maria getroffen
hatte. Die Juden, die bei Maria im Haus waren und sie
trösteten, sahen, dass sie plötzlich aufstand und
hinausging. Da folgten sie ihr, weil sie meinten, sie gehe
zum Grab, um dort zu weinen. Als Maria dorthin kam, wo
Jesus war, und ihn sah, fiel sie ihm zu Füßen und sagte
zu ihm: Herr, wärst Du hier gewesen, dann wäre mein
Bruder nicht gestorben. Als Jesus sah, wie sie weinte und
wie auch die Juden weinten, die mit ihr gekommen
waren, war er im Innersten erregt und erschüttert. Er
sagte: Wo habt ihr ihn bestattet? Sie antworteten ihm:
Herr, komm und sieh! Da weinte Jesus. Die Juden
sagten: Seht, wie lieb er ihn hatte! Einige aber sagten:
Wenn er den Blinden die Augen geöffnet hat, hätte er
dann nicht auch verhindern können, dass dieser hier
starb? Da wurde Jesus wiederum innerlich erregt, und er
ging zum Grab. Es war eine Höhle, die mit einem Stein
verschlossen war.
Jesus sagte: Nehmt den Stein weg! Marta, die Schwester
des Verstorbenen, entgegnete ihn: Herr, er riecht aber
schon, denn es ist bereits der vierte Tag. Jesus sagte zu
ihr: Habe ich Dir nicht gesagt: Wenn Du glaubst, wirst
Du die Herrlichkeit Gottes sehen? Da nahmen sie den
Stein weg. Jesus aber erhob seine Augen und sprach:
Vater, ich danke Dir, dass Du mich erhörst hast. Ich
wusste, dass Du mich immer erhörst, aber wegen der
Menge, die um mich herum steht, habe ich es gesagt;
denn sie sollen glauben, dass Du mich gesandt hast.
Nachdem er dies gesagt hatte, rief er mit lauter Stimme:*

Lazarus, komm heraus! Da kam der Verstorbene heraus: seine Füße und Hände waren mit Binden umwickelt, und sein Gesicht war mit einem Schweißtuch verhüllt. Jesus sagte zu ihnen: Löst ihm die Binden, und lasst ihn weggehen!
Viele der Juden, die zu Maria gekommen waren und gesehen hatten, was Jesus getan hatte, kamen zum Glauben an ihn. (Joh. 11, 1-45)

DER EINZUG JESU IN JERUSALEM

So also war alles passiert. Lazarus war noch schwach und blass. Er hatte sich auf seinem Lager hingelegt und sprach wenig. Seine Schwestern kümmerten sich sehr rührend um ihn und Marta kam ständig mit irgendwelchen Tees oder Süppchen, die ihn besonders stärken sollten. Er aber wollte nur schlafen, und so ließen wir ihn in Ruhe.
 Eine große Menschenmenge hatte sich vor dem Haus versammelt und die Schwestern, vor allem Marta, wurden nicht müde, die Geschichte der Auferweckung ihres Bruders immer und immer wieder zu erzählen. Und die Menge wurde weiter beeindruckt. Jesus ist der Messias! Gott hat Erbarmen mit uns gehabt! Er ist der, den wir erwartet haben!
 Inzwischen war die Gruppe, mit der ich aus Nazareth gekommen war, viel größer geworden. Als es dann hieß, dass wir Jesus in Jerusalem treffen wollten, kamen immer noch mehr Menschen dazu. Man hörte nur Stimmen, die wie in einem nicht endenden Lied sangen:
„Er bringt uns das Leben,
Er gibt uns das Brot,
Er gibt den Blinden das Licht
und heilt all unsere Gebrechen.
Halleluja, Gott ist tatsächlich mit uns!
 Dieses Halleluja wurde immer öfters wiederholt und so singend kamen wir in Jerusalem an.

Die Bewohner von Jerusalem sind im Allgemeinen gewohnt, Pilgergruppen aus allen Herrenländern zu empfangen. Aber so eine jubelnde Gruppe hatten sie, seit der Befreiung aus Babylon, vor einige hunderten von Jahren nicht mehr gesehen.

Wer sind diese Leute? Warum singen sie Halleluja? fragten sie sich.

Eine Frau aus unserer Gruppe antwortete ihnen: „Wisst ihr nichts von Jesus dem Nazaröer, der Tote auferweckt und Brot vermehren kann? Der ist heute hier und wir wollen mit ihm in den Tempel".

In diesem Augenblick wurden die Lieder und die Rufe noch lauter.

„Hosianna dem Sohne Davids"! sangen einige Frauen, und die Kinder und Jugendlichen, die dabei waren, schnitten Palmenzweige und sie rannten damit nach vorne, weil sie etwas von weitem gesehen oder gehört hatten.

Und tatsächlich, auf einer Eselin ritt in diesem Augenblick Jesus durch eines der Tore in die Stadt.

Hallelujaschreie! Hosiannarufe!

Alle waren außer sich vor Freude.

Es war ein Triumphzug wie für einen König! Die Leute warfen ihre Mäntel auf die Straße, und der staubige Weg verwandelte sich in eine geschmückte Straße.

Jesus saß aufrecht auf der Eselin. Seine Augen glänzten, wie mit Tränen. Sein Mund lächelte mit großer Liebe. Seine Arme waren halb nach oben gerichtet und seine Hände segneten die Kinder, die man ihm brachte.

Hinter der Eselin gingen seine Jünger. Petrus, der Fischer, genoss die Szenerie. Er sammelte die Kleidungsstücke und warf sie zurück in die Menge. Jakobus und Johannes sprachen die jungen Menschen an.

Judas schaute in alle Richtungen. Seine Augen hatten einen seltsamen Blick. War das alles wahr, was jetzt passierte, oder träumte er nur? War das Ziel so nah? Was würde Jesus jetzt tun? Die Zeit der Aufruhr gegen die gehassten Römer war gekommen. Das Volk war auf seiner Seite.

Das alles konnte ich in den Augen dieses unglücklichen Menschen lesen und mein Herz verkrampfte sich. Wie wenig hatte er, Judas, von der Lehre meines Sohnes verstanden!

Nicht mit dem Schwert sondern mit der Liebe, würde man die Völker zwingen zu einem Volk unter einer gemeinsamen Herrschaft. Wirklich wahr, mein Sohn war König, König der Liebe. König, aber nicht von dieser Welt.

Der Evangelist Matthäus hat uns diesen Einzug Jesu in Jerusalem so erzählt: (21, 1-11)

Als sich Jesus mit seinen Begleitern Jerusalem näherte und nach Betfage am Ölberg kam, schickte er zwei Jünger voraus und sagte zu ihnen: Geht in das Dorf, das vor euch liegt; dort werdet ihr eine Eselin angebunden finden und ein Fohlen bei ihr. Bindet sie los, und bringt sie zu mir! Und wenn euch jemand zur Rede stellt, dann sagt: Der Herr braucht sie, er lässt sie aber bald zurückbringen.

Das ist geschehen, damit sich erfüllte, was durch den Propheten gesagt worden ist:

Sagt der Tochter Zion:/ Siehe, dein König kommt zu dir.

Er ist friedfertig /und er reitet auf einer Eselin / und auf einen Fohlen, / dem Jungen eines Lasttiers.

Die Jünger gingen und taten, was Jesus ihnen aufgetragen hatte. Sie brachten die Eselin und das

Fohlen, legten ihre Kleider auf sie, und er setzte sich darauf. Viele Menschen breiteten ihre Kleider auf der Straße aus, andere schnitten zweige von den Bäumen und streuten sie auf den Weg. Die Leute aber, die vor ihm hergingen und die ihm folgten, riefen:

Hosianna dem Sohn Davids / Gesegnet sei er, der kommt im Namen des Herrn. / Hosanna in der Höhe!

Als er in Jerusalem einzog, geriet die ganze Stadt in Aufregung und man fragte: Wer ist das? Die Leute sagten: Das ist der Prophet Jesus von Nazaret in Galiläa.

JESUS IM TEMPEL

Am nächsten Tag gingen wir alle in den Tempel. Für mich war es immer eine große Freude in diesen herrlichen Tempel zu sein. Die Vorhöfe, die Vorhallen, der Tempel selbst, alles war mir bekannt und geliebt. Hier hatte ich auch einen Teil meiner Kindheit als Dienerin Gottes verbracht.
Als wir, diesmal, in Hörweite der großen Tore waren, hörten wir schon das Geschrei der Händler, die ihre Tiere anpriesen. Der ganze Vorhof war voll von Tieren und Menschen. Die schönsten Lämmer waren zusammengepfercht, und die Besitzer verhandelten den Preis mit den Markthändler.
Überall war Staub, Dreck und Geschrei.
Ich ging mit zwei anderen Frauen um die Tiere herum. Wir fanden eine kleine Tür und durch sie verschwanden wir im Inneren des zweiten Vorhofes, wo es angenehm kühl und still war.
Ich konnte wieder beten und mich sammeln. Der Lärm des ersten Vorhofes war hier nur eine Geräuschkulisse im Hintergrund. Plötzlich hörte ich ein Geräusch, als wenn etwas, ein Tisch vielleicht, zusammen gebrochen wäre. Man hörte ein Klirren von Silbermünzen und es folgte eine kurze Stille.
Dann bekam ich einen Schreck. Diese Stimme, die sich jetzt zornig erhob, kannte ich zu genüge. Aber nie zuvor hatte ich sie in dieser Tonlage gehört. Sie war auf einmal über allen anderen Geräuschen von Tier oder von Mensch zu hören. Was sagte diese Stimme? :

„Ihr habt das Haus meines Vaters in eine Markthalle verwandelt. Weg mit Euch!"

Das war Jesus, das war mein Sohn! Wir gingen zurück durch die kleine Tür, um zu sehen was sich ereignet hatte. Jesus war nicht wieder zu erkennen. Er war nicht derselbe Jesus, der gestern in Jerusalem eingezogen war. Seine Stimme hatte jetzt etwas Endgültiges, Richterliches, Herrschaftliches. Die Menschen, die Händler, bekamen Angst vor Ihm. Die Händler suchten ihr Geld zusammen, das auf die Erde gerollt war und trauten sich nicht mehr, die Tische, die Jesus umgeworfen hatte wieder aufzustellen. Sie formierten sich aber in einer Ecke des Vorhofes und ihre Gesichter hatten sich mit Hass verdunkelt.
*Nur einer Gruppe Jugendlicher die Jesus wieder erkannten liefen zu Ihm hin und riefen voller Begeisterung: „Hosanna dem Sohn Davids".
Dadurch wurden die Priester und Gelehrter noch mehr ärgerlich und sagten zu Ihm:
„Hörst du, was sie rufen?"
Und Jesus antwortete ihnen: „Ja, ich höre es. Habt ihr nie gelesen: Aus dem Mund der Kinder und Säuglinge schaffst du dir Lob?"
Und er ließ sie stehen und ging aus der Stadt hinaus nach Betanien; dort übernachtete er.(Mat.21, 15-17)*
Ich beobachtete seine Jünger. Petrus, Johannes, Simon, Thomas und Jakobus formierten sich wie eine Wand hinter ihm. Sie schauten Ihn mit Stolz in den Augen an, bereit ihm zu helfen, ihn zu verteidigen. Nur Judas stand abseits. Er hatte einen seltsamen Blick in den Augen. Er trennte sich von der Gruppe der Jünger und

verließ den Tempel. Ich wurde unruhig. Das Volk um Jesus war gespalten, aber jetzt hatte er sich mit dieser Aktion die Schriftgelehrten, die Priester und die Pharisäer endgültig gegen sich aufgebracht.

DONNERSTAG VOR DEM PASCHA

„Maria, komm!" sagte mir Maria von Magdala, eine Frau mit einer schweren Vergangenheit, die in der Nachfolge meines Sohnes schon lange dabei war, und die es sich zur Lebensaufgabe gemacht hatte, für die Männer zu sorgen.
 Ich folgte ihr." Kannst Du uns helfen, Maria? Jesus möchte heute mit den Zwölf ein Paschaessen einnehmen und ich brauche Hilfe."
 „Aber erst morgen werden die Lämmer geschlachtet", erwiderte ich.
 „Ja, aber Er hat ausdrücklich gesagt, heute. Und er hat den großen Saal zur Verfügung gestellt bekommen, der in der Nähe des Davidsgrabs ist, weißt Du?"
 „Das ist ein Festsaal", sagte ich, ein wenig verwundert.
 „Ja, richtig. Johannes hat mir gesagt, dass der Herr vor allem Brot und Wein möchte. Aber Brot muß ich eben backen und der Saal muß vorbereitet werden, auch Teller und Becher müssen gewaschen werden."
 „Also, Paschaessen ohne Lamm?" sagte ich. Wie war es möglich, dass mein Sohn das Fest um einen Tag vorlegte und ein Essen ohne Lamm vorbereitete?
 Auf einmal kamen mir die Worte des Johannes wieder in den Sinn, die er bei der Taufe Jesu gesagt hatte: *„Das ist Gottes Lamm, das für uns trägt die Sünden der Welt!"*

Ich musste mich hinsetzen. Ich wollte meinen Gedanken nicht weiter folgen.

„Ich helfe dir gerne" – versicherte ich ihr.

So kamen wir in das Haus, wo das festliche Essen stattfinden sollte. Das Haus war relativ groß. Es hatte zwei Stockwerke. Unten waren die Küche und zwei Lagerräume. Der Saal befand sich im obersten Stockwerk. Es war ein länglicher, schöner Raum, Wir fegten den Boden, stellten den Tisch in die Mitte und legten die Kissen zurecht. Danach ging ich nach unten, wo die anderen Frauen schon dabei waren das Essen vorzubereiten. Bald duftete es nach frischgebackenem Brot. Jemand hatte uns einen köstlichen Wein geschenkt, den ich in einen kupfernen Krug goss.

„Haben wir Wasser? „ fragte ich.

„Ja, natürlich hier," sagte Maria von Magdala, „ Wozu aber das Wasser?

„Für die Fußwaschung" sagte ich. „Wenn die Männer kommen, sind sie immer froh, wenn die Füße erfrischt und sauber gemacht werden, aber wir müssen das Wasser aufs Feuer stellen. Jetzt ist es zu kalt".

Wir zündeten danach die Menora an und warteten.

Der Evangelist Lukas hat uns dieVorbereitungen für das Fest erzählt:

„Dann kam der Tag der Ungesäuerten Brote, an dem das Paschlamm geschlachtet werden musste. Jesus schickte Petrus und Johannes in die Stadt und sagte: Geht und bereitet das Paschamahl für uns vor, damit wir es gemeinsam essen können. Sie fragten ihn: Wo sollen wir es vorbereiten?. Er antwortete ihnen: Wenn ihr in die Stadt kommt, wird euch ein Mann begegnen, der einen

Wasserkrug trägt. Folgt ihm in das haus, in das er hineingeht, und sagt zu dem Herrn des Hauses: Der Meister lässt dich fragen: Wo ist der Raum, in dem ich mit meinen Jüngern das Paschalamm essen kann? Und der Hausherr wird euch einen großen Raum im Obergeschoß zeigen, der mit Polstern ausgestattet ist. Dort bereitet alles vor! Sie gingen und fanden alles so, wie er es ihnen gesagt hatte, und bereiteten das Paschamahl vor.

Bald darauf hörten wir Männerstimmen. Alle Zwölf waren anwesend. Als letzter kam Jesus im Gespräch mit Johannes. Sie gingen sofort die Treppe hinauf zum obersten Gemach. Beide unterhielten sich immer sehr gerne. Ihre Gespräche hatten eine enorme Tiefe und nicht alle Apostel konnten sie verstehen. Johannes, obwohl der Jüngste von allen, suchte immer den Sinn der Worte zu erleuchten und zu begreifen. Ich wusste, dass Jesus ihn sehr liebte und freute mich über diese Freundschaft.

Wir Frauen blieben in der Küche im unteren Geschoß. Nach einer Weile kam Simon Thadeus und fragte:

„Habt Ihr warmes Wasser für die Fußwaschung?"

„Ja, hier in diesem Krug. Und hier ist die Schüssel. Kannst Du beide Sachen nehmen?" fragte Maria Magdalena.

„Klar, kann ich das" antwortete er mit einem Lächeln, und er fuhr fort: „Stellt euch mal vor, der Herr selber will uns die Füße waschen. Heute" – sagte er noch – „ist alles anders, als wäre es das letzte Mal. Alle seine Worte sind wie ein Testament." Und er machte eine

Geste mit dem Kopf, als würde er die Welt nicht mehr verstehen.

Wir Frauen schauten hinter ihm her und waren auf einmal traurig und stumm.

„Sollte ich nicht lieber nach oben gehen und den Männern die Füße waschen?" – fragte Maria von Magdala besorgt.

„Nein, meine Tochter"– sagte ich. „Bleiben wir ruhig hier. Er weiß, was er zu tun hat."

Von unten konnten wir kaum etwas hören. Jesus sprach viel in dieser Nacht.

Zuerst wusch er die Füße seiner Freunde und sagte, er wollte damit ein Beispiel geben, das man nicht vergessen sollte, sondern immer nachmachen. Dienen! Dazu war er gekommen. Danach wurde gegessen. Später nahm er das Brot, sagte Dank und teilte es seinen Jüngern mit den Worten: *„Das ist mein Leib, tut dies zu meinem Gedächtnis"*.

Dasselbe tat er mit dem Kelch. Er dankte und reichte ihn seinen Jüngern mit den Worten: *„Das ist mein Blut, das für Euch vergossen wird zur Vergebung der Sünden."*

Die Zwölf, die um Ihn waren, aßen von dem Brot und tranken von dem Wein und waren sehr traurig, weil sie vermuteten, dass Jesus wusste, dass dieses Mahl sein letztes sein würde.

Sie verstanden aber den Sinn der Worte nicht. Auch nicht als Jesus hinzufügte: *„Tut dies zu meinem Gedächtnis"*.

Nur Judas kam auf einmal die Treppe herunter, war blass, sein Blick war finster, ging an mir vorbei…ich wollte ihn anhalten, ihn etwas fragen, aber er ging an uns vorbei, ohne ein Wort und verließ das Haus. Ich hörte ihn nur sagen: „Wie kann er so verrückt sein…Ich kann nicht mehr sein Jünger sein!"

Jesus und die anderen elf saßen noch eine Weile im oberen Gemach. Die Jünger sprachen sehr leise oder lauschten auf die Worte Jesu. Als es dunkel wurde, hörte ich sie die Treppe herunter kommen. Sie gingen hinaus in die Nacht.

„Wo geht ihr hin?" – konnte ich noch Johannes fragen.

„Ich glaube nach Gethsemani „– antwortete der Junge. –„Jesus will, dass Petrus, mein Bruder Jakobus und ich ihn begleiten".

„Dort, wo Er immer betet?" fragte ich.

„Ja, aber diesmal will Er nicht alleine sein. Ich muß mich beeilen. Sie sind schon fort." Und er rannte weg.

Als die Männer gegangen waren, haben wir Frauen den Saal wieder in Ordnung gebracht, das Geschirr nach unten getragen und gewaschen und den Saal gefegt.

Nachher habe ich mich mit Maria von Magdala auf den Weg nach Betanien gemacht. Es war eine helle, klare Nacht. Der Mond hatte fast die Fülle erreicht und man konnte alles klar erkennen, fast wie bei Tag, nur mit einem blauen Schimmer umhüllt.

Ich fühlte mich sehr traurig und sehr müde. Mein Herz war schwer, als wäre es aus Stein. Maria merkte das und hielt meine Hand ganz fest.

„Wir brauchen uns nicht zu beeilen," - sagte sie. „Wir können langsamer gehen"

In dem Augenblick hörten wir ein Geräusch von rhythmischen, marschierenden Füßen und bald sahen wir sie auch. Eine Kohorte von Soldaten kam uns entgegen.

Vorne sah ich Judas Ischariot. Auch einige von den Schriftgelehrten gingen an der Spitze des Zuges..
    Wir Frauen versteckten uns hinter einem Baum. Ich sah die Richtung, die die Soldaten genommen hatten, und mein Herz schlug wie wild in meiner Brust.
    „Maria" sagte ich – „sie wollen Jesus festnehmen!"
    „Nein, nein, das kann nicht sein!" – versuchte Maria von Magdala mich zu beruhigen.
    „Doch, schau, das ist der Weg nach Gethsemani. Und Judas geht als Führer voran. Was haben sie mit ihm vor?"
    „Falls sie ihn festnehmen, werden sie ihn vor Gericht bringen müssen. Und dann müssen sie Beweise gegen ihn bringen. Was für Beweise werden sie gegen ihn haben? Dass er Kranke geheilt und nur gutes getan hat?"
    „Maria," - sagte ich, -„ Ich kann jetzt nicht nach Hause, lass mich ihn suchen, ihn warnen. Wir müssen etwas tun!"
    „Ja Mutter" – sagte sie. „Ich gehe mit dir".
    Und wir kehrten um, und gingen dann Richtung Gethsemani.

DIE DUNKLE NACHT

Die Soldaten waren schneller als wir. Sie marschierten mit einem Tempo, dem wir nicht folgen konnten. Nach einigen Minuten hatten wir sie aus den Augen verloren. Wir kannten den Weg. Gethsemani ist ein alter Ölberg. Von diesem Berg aus kann man Jerusalem sehen, das Cedrontal. Und der Himmel streckt sich darüber wie ein riesiges Zelt voller Sterne.
Jesus liebte diesen Ort, besonders, um in Ruhe beten zu können.
Aber wir kamen nicht bis dorthin. Plötzlich hörten wir wieder Schritte, diesmal begleitet von Fluchen und Geschrei. Die Soldaten hatten jemanden gefesselt, den sie in ihrer Mitte führten.
Wir Frauen sagten gleichzeitig: „Es ist Jesus!"
Sein Gesicht war schon ein ganz anderes als beim Abendmahl. Seine Haare klebten von Schweiß und Blut. Blut? –dachte ich, Hat man ihn geschlagen? Seine Augen waren versunken… Er sah mich, und eine Träne blieb zwischen seinen Wimpern hängen.
Ich wollte laut schreien, aber ich konnte keinen Laut herausbringen, ich wollte weinen, aber ich hatte keine Tränen. Mein Hals war wie zugeschnürt und mein Herz pochte laut und fühlte sich in meiner Brust an, als wäre es gerade von einem Pfeil getroffen worden. Meine Schritte wurden langsamer. Ich schloss die Augen für

eine Sekunde. Als ich sie wieder aufmachte, sah ich Ihn nicht mehr.

„Wo ist Er?" – flüsterte ich zu Maria, die mich festhielt.

„Wahrscheinlich werden sie Ihn zum Hohenpriester führen" – sagte sie mit einer rauen Stimme. „Wir müssen sehen, was sie mit Ihm vorhaben."

„Wo sind seine Freunde?" -fragte ich nach einer Weile.

„Ich weiß nicht" - sagte Maria. „Ich sehe dort eine Gruppe Leute, die auch den Soldaten folgen, aber ich sehe keinen von den Zwölf. Doch, schau Mutter, dort ist Johannes". Und sie rief laut: „Johannes, komm mal her!"

Johannes sah sehr blass aus. Er kam mit raschen Schritten zu uns herüber. Er schaute mich an und fragte besorgt:

„Mutter Maria, wie geht es dir?" – und zu Magdalena gewandt sagte er: „Wäre es nicht besser, du nimmst sie zu dir? Das wird zuviel für sie sein."

Aber ich sagte: - „Nein, Johannes. Dort wo Er ist, will ich sein. Dort ist mein Platz"

Johannes kam auf meine rechte Seite und nahm meine Hand. Maria von Magdala die linke und so gestützt, konnte ich auch meinen Weg des Leidens gehen.

Sie brachten Ihn zu Kaiphas dem Hohenpriester. Dort waren schon Zeugen anwesend, die bereit waren gegen Jesus, als des großen Gottes Lästerer, auszusagen. Wir konnten sogar in den Hof kommen, aber er war schon vor den Hohenpriester gebracht worden. Ein junger Mann, der neben uns war, sagte ganz laut: „Ich weiß, dass er ein Gotteslästerer war! Hat Er nicht von sich selbst behauptet, er wäre Gottes Sohn?"

In diesem Augenblick hörten wir ein lautes Gebrüll, das aus dem Innehof kam, und die Stimme von Kaiphas, die sagte:
„Ihr habt es alle gehört! Er ist ein Gotteslästerer. Darauf ist nur die Todesstrafe möglich. Führt Ihn hin zu Pilatus. Er muß unser Urteil bestätigen."
„Was machen sie jetzt?" - fragte ich unfähig zu verstehen, was ich mit meinen eigenen Ohren gehört hatte.
„Sie führen ihn zu Pilatus, dem römischen Statthalter" – sagte Johannes- „Komm, wir gehen hinterher."
Inzwischen hatte ich von weitem Simon Petrus entdeckt, der auch bis zum Hof gekommen war. Er hielt sich versteckt hinter einer Säule. Ich sah einen Mann, der ihn ansprach und etwas sagte, Simon aber verneinte mit dem Kopf. Als wir schon aus dem Hof gingen, hörte ich ihn laut sagen: „Nein, nein, ich habe diesen Mensch nicht gekannt!"
Ich dachte: „Kann es sein, dass er meinen Sohn negiert? Seinen besten Freund?"
Aber ich wollte sehen, was mit meinem Sohn weiterhin passierte. So dass wir wieder hinter den Soldaten hermarschierten und bis zum Forte Antonia kamen. Inzwischen war halb Jerusalem auf den Beinen, weil die Nachricht von der Festnahme Jesu sich wie ein Lauffeuer ausgebreitet hatte. Man ließ die Menge in den ersten Hof hinein und wir warteten. Jesus wurde von Soldaten zum zweiten Hof geführt und dort kam Pilatus, um ihn zu befragen.
Pilatus war neugierig. Er hatte schon Einiges über Jesus gehört. Seine Frau hatte ihn gebeten kein Todesurteil gegen Jesus auszusprechen. Sie hatte einen

bösen Traum gehabt. Der Mann wäre ein Gottesmann, ein Prophet, ein Heiliger…es würde schlechte Folgen für alle Familienmitgliedern haben, falls Pilatus ihn zum Tode verurteilte. So versuchte Pilatus, Jesus in ein Gespräch zu verwickeln. Aber Jesus schwieg. Nur auf die Frage von Pilatus:
„Bist Du der König der Juden?" – antwortete Jesus:
„Du sagst es".
Pilatus wusste nicht, wie ersich verhalten sollte. Die Juden wollten den Tod dieses Menschen. Auf der anderen Seite nahm er die Warnung seiner Frau ernst. Er sah nach dem römischen Recht keinen Grund, diesen Mann zum Tode zu verurteilen. Vielleicht würde es genügen, wenn er ihn geißeln ließe?
So befahl er seinen Soldaten: „Geißelt ihn!"
Inzwischen wartete die Menschenmenge immer noch in dem ersten Hof. Auf einmal wurde Jesus wieder gebracht. Die Soldaten fuhren ihn zu einer Art erhöhte Plattform, die auf der rechten Seite des Hofes angebracht war. Dort befand sich eine kleine Säule, die schwere Ketten oben und unten hatte. Mit den Ketten fesselten sie Jesus an die Säule, so dass er sich beugen musste und uns den Rücken zeigte. Zwei kräftige Soldaten prüften ihre Marterwerkzeuge und fingen an ihn zu schlagen. Die Menge verstummte. Wir alle konnten jeden Schlag hören und ich fühlte sie, als würde ich auch zerrissen. Sie schlugen mit Lederriemen, die am Ende mit gekrümmten Nägeln endeten. Später nahmen sie andere Riemen, die mit einer eisernen Kugel mit Spikes endeten. Jeder Schlag riss Hautfetzen und blutigen Furchen in den Körper. Ich konnte nicht mehr sehen. Ich schloss die Augen, aber mein Körper reagierte auf jeden Schlag, als

wäre ich selber getroffen. Johannes sagte zu Magdalena: „Bring sie weg!" Aber ich sagte: „Nein, ich muß hier bleiben!"
Ich weiß nicht, wie lange die Geißelung gedauert hat! Irgendwann haben sie aufgehört und Jesus, der sich kaum aufrecht halten konnte, wurde von seinen Fesseln befreit. Danach haben die Soldaten einen Stuhl für ihn gebracht. Zuerst war ich dankbar, dass er sich ein bisschen ausruhen konnte, aber bald musste ich feststellen, dass das, was jetzt kam, in ihrer Grausamkeit noch eine Steigerung mit sich brachte. Einer der Soldaten sagte:
„Du sagst, Du bist der König der Juden, hier ist deine Krone":
Und sie setzten ihm eine Dornenkrone auf den Kopf. Jetzt rann das Blut von allen Seiten seines Kopfes. Die Augenbrauen, die Stirn, die Nase, alles war mit Blut überströmt…Ein zweiter brachte einen purpurroten Mantel und streifte ihn über seinen Rücken. Danach gaben sie ihm einen dünnen Stock mit dem sie ihn vorher schlugen und beugten sich vor ihn lachend und sagten:
„Salve, Du König der Juden".
Jesus, mein Jesus sagte kein Wort. Wie ein Lamm, das zum Schlachten geführt wird, ließ er alles über sich ergehen. Die Menschen um mich herum lachten vergnügt. Das war besser als Circus. Sie wollten mehr. Pilatus kam jetzt auf den Balkon. Zeigte auf Jesus, war selber erschüttert und sagte zum Volk: Ecce homo! Hier ist der Mensch. Laut sagte er dann:
„Er sagt, dass Er der König der Juden ist!"
Aufgeregt riefen zuerst die Schriftgelehrten und danach das Volk:
„Nein, Er ist nicht unser König!"

„Aber ich sehe sonst keine Schuld an ihm!" – versuchte Pilatus zu vermitteln.

„Kreuzige ihn! Kreuzige ihn!" schrieen die Massen auch um mich herum. Ich sah die Augen der Leute, rot vor Aufregung, ich hörte das Geschrei, ich schloss die Augen und versuchte meine Ohren zu bedecken. Das war alles zu viel für mich.

„Ich kann euch einen Gefangenen freigeben" – versuchte Pilatus wieder. „Wen wollt ihr, Jesus oder Barrabas?"

„Barrabas! Wir wollen Barrabas!" schrie das Volk.

Ich war starr von Entsetzen. Barrabas war ein bekannter Straßenräuber, der einige Morde auf dem Gewissen hatte. Das wusste sogar ich in meinem entfernten Dorf in Galiläa, und jetzt wurde mein Jesus bestraft und nicht Barrabas.

„Wie Ihr wollt" – hörte ich Pilatus sagen. „Aber ich wasche meine Hände in Unschuld, da ich keine Schuld an Ihn sehen kann."

Wir Frauen und Johannes waren stumm vor Entsetzen.

Einige um uns herum lästerten über Ihn: „Und so einer sagte, er wäre Gottes Sohn und hätte Macht über Dämonen…Und jetzt kann er sich nicht selber helfen!"

Inzwischen sahen wir Jesus nicht mehr. Man hatte Ihn von dem Balkon zu dem hinteren Teil des Palastes abtransportiert. Wir warteten einige Minuten. Bald darauf öffneten die Soldaten das große Tor und der Gefangenenzug setzte sich in Bewegung.

AUF DER VIA DOLOROSA

Das Urteil wurde verkündet. Ein Schild mit der Inschrift INRI (Jesus der Nazaröer König der Juden) wurde unter Protesten einiger Schriftgelehrter vorne getragen, nachdem Pilatus gesagt hatte, „Was ich geschrieben habe, habe ich geschrieben! „. Ja, " dachte ich, „also Du bist wahrlich König und als König wirst Du zum Tode verurteilt".

Ein Geschmack bitterer als Galle füllte meinen Mund. Meine Augen waren trüb von Tränen, ich zitterte am ganzen Körper. Meine Schultern hatten sich gesenkt, wie unter einer schweren Last.

In diesem Augenblick sah ich Ihn sein Kreuz nehmen, wie in einer Umarmung, und wie er sich in Bewegung setzte. Jesus war nicht der einzige Gefangene. Zwei bekannte Straßenräuber, die schon lange im Gefängnis gesessen hatten, wurden auch zum Tode durch Kreuzigung verurteilt. Die zwei Männer trugen ihre Kreuze mit relativer Leichtigkeit. Sie hatten die Nacht geschlafen, etwas gegessen und waren ausgeruht.

Aber Jesus war am Ende seiner Kraft. Man hatte ihn die ganze Nacht verhört, er wurde von seinen Jüngern verraten, man hatte ihn gegeißelt, nochmals verhört, mit Dornen gekrönt, verhöhnt…und jetzt konnte er nicht mehr.

Die Dornenkrone hatte sein Haupt ganz durchbohrt. Sie saß fest, über den Ohren bis zu den

Augenbrauen, und die Dornenzweige trafen sich gebunden am Hinterkopf. Man hatte die Dornenzweige so fest geflochten, dass sie in einer ziemlichen Breite fast keine Lücke ohne Dornen gelassen hatten. Sein Blut rann in kleinen Bächen aus allen Seiten des Kopfes heraus und bedeckte Augen, Nase, Ohren, Haare und Hals.

Es war ein Blick des Jammers. Ich konnte es kaum ertragen. Trotzdem blieben meine Augen fest seine Gestalt betrachtend. Ich wollte jede einzelne seiner Dornen zählen, um sie auch bei mir im Geiste zu spüren. Wenn ich Ihm nur einige Dornen herausholen könnte, dachte ich voller Schmerz.

In diesem Augenblick schaute er mich voller Schmerz und Liebe an. Sein Mund wollte mich noch mit einem Lächeln begrüßen. Ich war auf einmal so nah bei Ihm! Es war ein ganz kurzer Moment, aber unsere Augen sprachen von der unendlichen göttlichen Liebe, die uns verband.Uund damit gab Er mir Hoffnung und Kraft.

Meine Beine hörten zu zittern auf. Ich war jetzt in der Lage, Ihm auf diesem Kreuzweg zu folgen, um bei Ihm zu sein.

Mein Herz klopfte wie wild. In diesem Augenblick spürte ich die Hand von Maria von Magdala, die mich festhielt und besorgt ansah. Ich sagte nur:

„Es geht mir gut Maria. Komm, beeilen wir uns, wir müssen Ihm folgen."

Und jetzt hörten wir ein dumpfes Geräusch gefolgt von Fluchen, Geschrei und Knallen von Peitschen.

Eine Frau aus der Menge schrie: „Der Gefangene ist gefallen!"

Maria flüsterte: „Jesus ist gefallen!"

Die Menge schrie. Wir konnten nichts sehen. Einige liefen schnell, andere schrieen entsetzt, wieder andere lachten höhnisch voll Vergnügen. Von weitem sahen wir, wie Jesus mit dem Gesicht voll Staub und Schmutz sich langsam erhob und sein Kreuz wieder umarmte. Der Zug setzt sich wieder in Bewegung. Man merkte, dass die Soldaten keine Geduld mehr hatten. Sie wollten die Hinrichtung so schnell wie möglich beenden, um sich dann bei den Festlichkeiten des Paschafestes zu erholen. Deshalb die Eile. Auch die Pharisäer, die dabei waren, mahnten zur Eile.

Ich sah seine Gestalt, und dachte nur an die Möglichkeit Ihm ein bisschen Erfrischung oder Erleichterung zu verschaffen. Er war immer so sauber gewesen. Er hatte versucht, jeden Schmutz an seinem Körper oder an seiner Kleidung zu vermeiden. Auch als Arbeiter hatten wir immer auf Sauberkeit geachtet. Und jetzt dieser Staub und Schmutz, der an Ihm wie eine Kruste klebte. Wenn ich etwas hätte, wie ein Tuch oder etwas Wasser, dachte ich. Aber ich hatte an so etwas nicht gedacht. Ich, seine Mutter, konnte gar nichts für Ihn tun. Der Gedanke war für mich unerträglich. Auf einmal sah ich von weitem, wie eine mutige Frau sich einen Weg zwischen den Zuschauern bahnte und auf einer Höhe auf Ihn wartete.

„Das ist Veronika!", sagte mir Maria. „Wie ich sie kenne, hat sie etwas vor". Und tatsächlich. Diese mutige Frau hatte in ihren Händen das, was ich gerne auch gehabt hätte. Sie hatte ein Tuch und wartete, dass Jesus auf ihre Höhe kam. Er hielt inne, und sie kam zu ihm, beugte sich zu ihm, wie eine Mutter zu ihrem Kind und wischte voller Liebe und Erbarmen sein geschundenes Gesicht.

Blut, Staub, Schweiß und Tränen verschwanden aus seinem Gesicht. Er konnte wieder sehen und Er strahlte für einen Augenblick als wäre Er von Innen erleuchtet. Das Gesicht Jesu war wie ein offenes Buch. Seine Augen erzählten, dass Liebe, Dankbarkeit und Barmherzigkeit immer hundertfache Frucht.. Sie trat zurück zu ihrem Platz, von den Soldaten gedrängt. Aber sie tat es ohne Eile und mit großer Würde. Diese Frau war mit nichts zu erschüttern. Sie hatte das Wischtuch mit beiden Händen fest an ihrer Brust geklammert. Plötzlich schrie eine Frau: „Schau her das Tuch!"

Veronika faltete ihr Tuch auseinander und wir sahen es: Statt Blutspuren, Dreck und Schweiß, hatte das Tuch das Antlitz meines Sohnes festgehalten!

Sie fing an zu weinen und presste das Tuch noch fester an ihre Brust. Maria von Magdala und ich hatten das Geschehen auch gesehen und ich dachte: „Der Vater im Himmel lässt uns jetzt nicht allein!"

Wir gingen weiter. Die Straßen von Jerusalem waren damals eng und steil. Manche waren von den Römern mit großen Steinen gepflastert, andere waren noch voller Unrat, und beim Regen verwandelten sie sich in kleine Bäche, die Schlammspuren hinterließen. Auf so einer Straße ging unser Weg hinauf, Richtung Golgatha. Noch einmal hörten wir den dumpfen Schlag, gefolgt von Schreien, Lachen, Höhnen... Jesus war wieder gefallen. Diesmal war die Last so schwer, die Straße so steil, seine Kräfte so verbraucht. Er konnte nicht mehr.

Mein Gott, dachte ich, was würde ich jetzt geben, um Ihn Erleichterung zu verschaffen.. Wenn ich sein Kreuz mittragen könnte, dachte ich.

In dem Augenblick, sahen wir, wie die Soldaten, einen großen Mann, der unter der Menge war, ansprachen. Sie hatten ihn etwas gefragt. Wir sahen seine Reaktion. Nein, das wollte er nicht. Er war ein großer, gut gewachsener Mann. Vom Beruf Bauer, war er gerade vom Feld gekommen. Durch seine Größe stach er aus der Menge. Deshalb wurde er angesprochen und wahrscheinlich gezwungen.

Wir sahen nur wie er kam und Jesus sein Kreuz abnahm. Jesus konnte aufstehen und ihm folgen.

„Wer ist das?" fragte ich Maria. Aber sie kannte den Mann auch nicht. „Das ist Simon von Zyrene", sagte ein Mann, der neben mir stand. „Ein guter Nachbar von mir", sagte er noch.

Simon von Zyrene, wiederholte ich langsam. Deinen Namen werde ich niemals vergessen. Diese Tat werden alle zukünftigen Generationen im Gedächtnis aufbewahren. Wie dankbar war ich auch diesem Mann. Es war, als ob unser himmlischer Vater meinen Gedanken und Bitten Gehör geschenkt hätte.

Nie zuvor war mir ein Weg so lang erschienen, wie dieser Weg hier, hinter dem Kreuz meines Sohnes. Wie oft bin ich in meinem Leben gewandert? Entfernungen, die viel länger waren als diese hier. Aber noch nie hatte ich jeden Stein, jedes Loch, jede Unebene so gespürt wie hier. Ich war am Ende. Auf einmal war Johannes wieder bei uns. Wir hatten uns, als der Zug sich in Bewegung setzte, aus den Augen verloren. Er kam zusammen mit meiner Verwandten Maria, die Frau von Cleophas.

„Mutter", sagte er zu mir. „Endlich habe ich dich gefunden. Jetzt bleiben wir zusammen".

Ich nickte ihm dankbar zu und hielt mich fest an seinem rechten Arm.

Aber noch einmal erschraken wir alle vier, als Jesus, mein Sohn, noch einmal stolperte und ausgestreckt auf dem Boden fiel. Er blieb liegen, bis ein Peitschenschlag ihn wieder auf die Beine brachte. Mir fielen die Worte des Psalmisten ein. „Wie ein Wurm", so sehr hatte sich der Sohn Gottes erniedrigt.

Ich dachte an die Worte, die ich als junges Mädchen dem Engel Gabriel gesagt hatte: „Ich bin die Magd des Herrn, mir geschehe nach Deinem Wort".

„Ja, Herr" - betete ich - „Ich bin deine Magd. Nimm meinen Schmerz. So viel wie Du willst. Aber verschone Ihn".

Nun, ich wusste, dass ich diesmal nichts mehr für Ihn tun konnte.

AUF GOLGATHA

Von weitem hörten wir Hammerschläge und fürchterliche Schmerzschreie von den drei Verurteilten. Meine Begleiter wurden blass, alle drei hoben instinktiv die Hände hoch, um sich die Ohren zu zuhalten. Sie konnten die Schmerzschreie nicht mehr ertragen.

Ich hielt meine Hände an die Brust gepresst. Ich hörte jeden Hammerschlag ganz genau und so, als ob die Nägel sich in meine Hände und in meine Füßen bohren würden. Mein Schmerz sollte an seinem Schmerz Linderung bringen.

Dann wurden die drei Kreuze aufgerichtet. Mit einem dumpfen Schlag wurden sie mit Hilfe von Seilen zuerst aufgerichtet und dann in die vorbereiteten Löcher fallen gelassen.

Inzwischen hatten wir schon den Gipfel erreicht und sahen die drei aufgerichteten Kreuze. Hinter den Kreuzen, wurde es am Horizont auf einmal ganz dunkel. Eine seltsame Stille folgte auf diesen schrecklichen Lärm des Hammers.

Die drei gekreuzigten atmeten schwer. Plötzlich schrie einer der beiden: „Bist Du nicht der Messias? Dann hilf dir selbst und auch uns!"

Er wiederholte gerade, was die ganze Zeit führende Männer des Volkes lachend über ihn gesagt hatten: „Anderen hat er geholfen, nun soll er sich selber helfen, wenn er der erwählte Messias Gottes ist".

Eine große Menge stand in einer gewissen Entfernung und schaute zu.

Nicht weit von dem Kreuz Jesu, stritten einige Soldaten um seine Kleider. Ich hörte wie sie vor allem um sein weißes Gewand diskutierten. „Schade", sagte einer, „wenn wir dieses nahtloses Gewand, verteilen würden. Lass uns das Los entscheiden. Hast Du Würfel dabei?"

Als ich das hörte, trübten sich meine Augen mit Tränen erneut. Wie viele Erinnerungen, wie viele schöne Stunden hatte ich an und mit diesem Gewand verbracht. Ich hatte den Flachs gesät, ich hatte ihn gegossen und geerntet, hatte nur die besten Zweige verwendet, getrocknet, gesponnen, gewebt und genäht. Er hatte dieses Gewand so gerne getragen, und ich hatte es unzählige Male mit Wasser aus unserem Brunnen gewaschen, auf unserer kleinen Wiese, hinter dem Haus, auf der so viele duftende Kräuter wuchsen, zum Trocknen gelegt, so dass es immer nach Rosmarin und Zitronenmelisse roch.

Und jetzt hatte man ihm seine Kleider geraubt. Und sie warfen das Los über sein Gewand. Dort war er nackt und fest ans Kreuz genagelt, mit Dornen gekrönt. Ein Bild des Schmerzens. Stand nicht so etwas schon bei Jesaja?

„*Vater*", sagte Er jetzt, „*vergibt Ihnen, denn sie wissen nicht, was sie tun*".

Meine Schwägerin Maria sagte in dem Augenblick zu mir: „Wie können wir jemals so was verzeihen?"

Ich blieb stumm. Ich wollte immer, was Er wollte. Ich sollte auch verzeihen. Ich sah die Gesichter um uns herum, voller Hass, Stolz, Selbstgerechtigkeit. Mein Herz wollte zerspringen. Ich konnte auch nur sagen: „Vater, Verzeihe Du denen, weil sie nicht wissen, was sie tun!"

Ich spürte wie mein Herz weicher wurde. Der Druck war nicht mehr so stark. Ich konnte dem Vater Danke sagen. Ja, ich konnte auf einmal alle diese Gestalten in meinem Herz mit mütterlicher Liebe aufnehmen. Ich konnte auch verzeihen!

Jetzt hörte ich eine fremde Stimme, die von der rechten Seite meines Sohnes, von dem zweiten Verurteilten kam. Er sprach zuerst seinen Kompagnon an mit den Worten:

„Nicht einmal Du, fürchtest Gott? Dich hat doch das gleiche Urteil getroffen. Uns geschieht recht, wir erhalten den Lohn für unsere Taten, dieser aber hat nichts Unrechtes getan". Dann sagte er zu Jesus:

„Denk an mich, wenn Du in Dein Reich kommst."

Ich hatte ihn mit Erstaunen zugehört und seine Worte halfen mir mein Herz wieder zu beruhigen. Dort war jemand, der meinen Sohn in seiner ganzen Größe erkannt hatte. Einer von den Menschen als Böser, Sünder, verurteilt hatte als Einziger in der Menge, die Gottheit und Güte Jesu erkannt.

Ich war gerührt. Ich hob den Kopf, um diesen Mensch zu sehen. Ihn mit meinen Augen und mit meinem Herz aufzunehmen. Ihn in Erinnerung zu behalten.

„Er heißt Dismas" – sagte mir auf einmal Johannes.

Die Stimme Jesu erhob sich auf einmal laut.

„Amen, Ich sage dir: Heute noch wirst Du mit mir im Paradiese sein."

Dismas versuchte seinen Kopf Richtung Jesu zu bewegen. Das kostete ihm eine große Anstrengung. Er schaffte es ein paar Sekunden. Sein Gesicht strahlte Dankbarkeit, Freude und Erleichterung aus. Sein Atem wurde ruhig. Sein Kopf fiel nach vorne. Er fiel in eine Art Schlummerzustand, obwohl er noch nicht tot war.

Die Sonne hatte sich verfinstert. Ein Wind kam auf, und viele der Zuschauer verließen den Platz und wollten nichts mehr sehen. Viele hatten Angst und rannten weg von diesem unheimlichen Ort und suchten Schutz in ihren Häusern.

Wir vier konnten jetzt direkt unter das Kreuz von Jesus gelangen und dort ausharren. Wir hörten Ihn sagen:

„Mich durstet".

Ein Soldat nahm einen Ysopzweig, steckte einen schmutzigen Schwamm auf die Spitze, tauchte ihn in einen Topf mit Essig und das gab er meinem Sohn als Getränk. Mir wurde übel bei dem Gedanke. Jesus kostete ein bisschen davon und sagte nun mit schwacher Stimme:

„Es ist vollbracht".

Dann trafen seine Augen die meinen. Was konnte ich in diesem Blick lesen? Seine ganze Liebe. Ich tauchte in seinen Augen wie in ein tiefes Meer und konnte mich nicht satt sehen. Wie von weitem hörte ich ihn sagen:

„Frau, siehe Deinen Sohn! Und er zeigte auf Johannes. War das sein Testament? Und dann zu Johannes gerichtet, sagte er:

„Siehe, Deine Mutter" und zeigte auf mich. Wie viel Zärtlichkeit in diesen Worten. Johannes und ich wurden ab jetzt für immer in der Liebe Jesu gebunden. Ich war noch in seinen Blick versunken, als ich seine Stimme, diesmal ziemlich laut, vernahm:

„Vater, Vater, warum hast Du mich verlassen?"

Diese Worte verrieten wie groß sein Leiden gewesen war, wie allein und verlassen hatte er sich

gefühlt. Ich wollte Ihn trösten. Ihm sagen, dass sein Vater auch dort war, dass ich Ihn mehr als einmal auf dem Kreuzweg gespürt hatte. Aber ich konnte keine Worte finden. Ich war stumm. Unfähig Ihn zu trösten.
Kurz darauf, hörte ich Ihn flüsternd sagen:
„*Vater, in Deine Händen lege ich meinen Geist*".
Er neigte seinen Kopf und gab seinen Geist auf.

„*Bei dem Kreuz Jesu standen seine Mutter und die Schwester seiner Mutter, Maria, die Frau des Klopas, und Maria von Magdala. Als Jesus seine Mutter sah und bei ihr den Jünger, den er liebte, sagte er zu seiner Mutter: Frau, siehe dein Sohn! Dann sagte er zu dem Jünger: Siehe, deine Mutter! Und von jener Stunde an nahm sie der Jünger zu sich.*
Danach, als Jesus wusste, daß nun alles vollbracht war, sagte er, damit sich die Schrift erfülle: Mich dürstet. Ein Gefäß mit Essig stand da. Sie steckten einen Schwamm mit Essig auf einen Ysopzweig und hielten ihn an seinen Mund. Als Jesus von dem Essig genommen hatte, sprach er:
Es ist vollbracht! Und er neigte das Haupt und gab seinen Geist auf."*(Joh 19, 25-30)*

UNTER DEM KREUZ

Ich hatte das noch nicht wahrgenommen. Ich war unter dem Kreuz geblieben, konnte das Holz umarmen und hielt mich an ihm fest. Das Kreuz war jetzt alles, was ich von ihm umarmen konnte.
Ich hörte Gespräche, Weinen, Seufzen…ich achtete nicht darauf. Plötzlich hörte ich eine scharfe Stimme die sagte:
„Er ist schon tot. Ihr braucht Ihm die Beine nicht zu brechen."
„Tot?" dachte ich, „das kann nicht sein. Mein Jesus kann nicht sterben." Ich blieb in meiner Umarmung.
Johannes kam und fasste mich bei den Schultern. Leise, liebevoll sagte er zu mir:
„Mutter, komm mit uns, bleibe nicht alleine hier".
Aber ich blieb, wo ich war. Ich konnte nicht weg. In diesem Augenblick kam ein römischer Soldat mit einer Lanze und bevor wir etwas unternehmen konnten, hatte er meinen Jesus mit der Lanze an der Seite durchbohrt. Er hatte sein Herz getroffen und aus ihm floss jetzt ein Strahl von Blut und Wasser über uns. Der Soldat, der ihn verwundet hatte, trat erschrocken zurück.
„So etwas habe ich noch nie erlebt", sagte er furchtbar erschrocken.
In diesem Augenblick donnerte es am Himmel heftig und die Erde begann erneut zu beben. Es wurde

stockdunkel. Die Sonne war hinter dicken Wolken verschwunden und man hörte ein Geräusch von Steinen, die zusammen brachen und rollten. Ein römischer Hauptmann, der seine ganze Kohorte geführt hatte, wurde bleich, blieb bei mir stehen und sagte mit bewegter Stimme:

„Wahrlich, dieser Mensch war Gottes Sohn!"

Ich vernahm wenig von dem, was um mich herum passierte.

Ich fühlte mich wie in ein dunkles Loch. Alles in mir war voller Schmerz, ohne dass ich hätte sagen können, wo oder was schmerzte. Auf einmal dachte ich an die Worte des alten Simeon als wir das Kind im Tempel dargebracht hatten. Ja, damals hatte er mir vorausgesagt, dass mein Herz wie durch ein Schwert durchbohrt würde. Genauso fühlte es sich auch an.

Mein Jesus war tot!

Ich konnte nicht weinen, nicht sprechen. Ich wollte mich nur an seinem Kreuz, das jetzt das meine war, festhalten.

Nach einer Weile kamen zwei Männer. Joseph von Arimatháa, ein reicher Mann, der meinen Sohn sehr verehrte und Nikodemus, einer der Gelehrten zum Sanedryn gehörend.

Sie sprachen leise mit Johannes und Maria von Magdala. Danach kamen alle vier näher zu mir und Johannes sagte:

„Maria, schau, Joseph stellt uns sein neu eingerichtetes Grab zur Verfügung. Er hat schon von Pilatus die Erlaubnis, Jesus zu begraben."

Ich schaute sie an, ohne zu verstehen, was sie wollten.

„Komm, Mutter!" sagte Johannes. „Wir müssen Jesus jetzt vom Kreuz abnehmen. Komm mit uns. Wir lassen die zwei Männer das machen".
Ich sollte jetzt das Kreuz loslassen.
Das war sehr schwer.
Wie könnte ich jetzt weiter leben ohne Jesus, ohne sein Kreuz. Ich wusste es nicht. Ich konnte nur beten: „Herr, ich bin deine Magd. Mir geschehe nach deinem Wort!".
Nikodemus, der gute Mann, hatte an alles andere gedacht. Er hatte ein neues Grabtuch gebracht und einige Gefäße mit gutriechenden Ölen, um Ihn zu säubern, zu reinigen und einzubalsamieren.
Nikodemus bat einen seiner Diener mit der Prozedur zu beginnen. Man brachte eine Leiter. Der Diener stieg bis zur letzten Sprosse, und dort begann er die Nägel, die Hände und Füße am Kreuz fest hielten, zu lösen. Das war gar nicht einfach, weil die Nägel fest in das Holz eingeschlagen waren. . Endlich gelang es dem Diener, Jesus von seinem Kreuz zu lösen. Er gab den Leib an Joseph von Arimatea weiter und Nikodemus kam dazu. Beide Männer trugen mit großer Sorge und Liebe den Leichnam zu mir.
Man hatte einen kleinen Schemel für mich gebracht Als ich die zwei Männer sah, die in meine Richtung kamen, habe ich mich hingesetzt und meine Arme ausgebreitet. Sie haben meinen Jesus auf meinen Schoß gelegt.
Endlich konnte ich Ihn berühren. Seine Stirn, von Dornen verkratzt und verwundet, seine Augen, jetzt geschlossen, die für mich das Licht der Welt waren, küssen, seine Wangen streicheln. Ich legte seine Hände über seine Brust. Ich nahm ihm die Dornenkrone ab.

Nikodemus brachte mir ein paar saubere Tücher, die in duftende Öle getränkt wurden und so fing ich mit der Säuberung seines Gesichtes und seiner Brust an. Allmählich verschwanden die Krusten aus Blut, Erde und Schweiß und sein Gesicht strahlte Licht aus.

Wir konnten aber nicht seinen ganzen Körper reinigen. Wir brauchten mehr Öl. Maria von Magdala sagte zu mir:

„Wir werden den Rest nach den Feiertagen erledigen. Jetzt ist das Wichtigste getan. Wir können ihn in das Grabtuch einwickeln und so begraben."

Die Männer breiteten das Tuch auf der Erde und darauf wurde der Körper meines Sohnes, meines Gottes, gelegt. Und auf einmal war er nicht mehr zu sehen. Was für ein Schmerz!

Zu viert trugen sie seinen Leichnam bis zum Grab, das in der Nähe des Platzes war. Sie legten ihn in das Grab. Danach schlossen sie den Eingang mit einem schweren runden Stein. Es war vollbracht. Und jetzt endlich kamen bei mir die Tränen. Maria, meine Schwester und Maria von Magdala weinten auch mit mir. Aber ich wollte nur allein sein. Denn ich fühlte mich sehr verloren und leer ohne Ihn.

DER TAG DANACH

Der Stein hatte das Grab verschlossen und damit auch mein Herz. Zum ersten Mal fühlte ich es in meinem Inneren kalt und hart. Ich hatte die Mitte meines Lebens verloren und auch das göttliche Band, das mich mit dem himmlischen Vater verband, fühlte sich an als wäre es zerrissen. Ich erinnerte mich an die Worte meines Sohnes, als Er noch am Kreuz hing: „Vater, warum hast Du mich verlassen" und fühlte auch wie Er die furchtbarste Gottesferne meines Lebens".
„Jesus", wiederholte ich, „wo bist Du? Ich kann Dich nicht fühlen, Jesus, mein Jesus. Wie kann ich leben ohne Dich?"
Ich hatte nicht bemerkt, dass wir inzwischen diesen Berg, Schädelshöhe genannt, verlassen hatten.
Johannes, Maria von Magdala und Maria, meine Verwandte, hatten mich in ihre Mitte genommen, und fast unbemerkt hatten sie mich gezwungen, mit ihnen zu gehen.
„Wo gehen wir hin?", fragte ich meine Schwägerin:
„Nach Betanien" – sagte Maria von Magdala.
Johannes sagte dann zu ihr:
„Ich schaue morgen nach ihr, aber es ist vielleicht gut, dass sie heute bei dir ist. Sie muß auch etwas essen und vielleicht etwas schlafen.
Maria von Magdala antwortete: „

Ja, sie braucht einen Ort der Stille. Ein Ort, wo sie beten kann. Wir werden inzwischen die Kräuter vorbereiten, um den Leichnam Jesu zu reinigen. Wir werden Sonntag hierher kommen".

Ich sagte nichts. Ich konnte nichts sagen, nichts antworten, nicht sprechen. Ich versuchte meinen Sohn, meinen Gott, zu erreichen. Aber ich war allein. Gott war so fern!

Nur eine schwache Stimme bahnte sich ihren Weg in mein Inneres. Es war dieselbe Stimme, die ich damals vor seiner Geburt vernahm. Alles wird gut! Für Gott ist nichts unmögliches! Und ich dachte an die Worte, die mein Jesus an Marta adressiert hatte: Ich bin die Auferstehung und das Leben

SONNTAG IN DER FRÜH

In Betanien hatte man mir einen Raum zur Verfügung gestellt. Dort blieb ich alleine. Ich habe natürlich die Nacht nicht geschlafen. Die Szenen seines Leidens, die ich mit eigenen Augen verfolgt hatte, waren wie Dornen in meinem Herzen. Meine Gedanken gingen zurück auf mein Leben mit Jesus - auch vor seiner Geburt. Hatte nicht der Erzengel Gabriel mir prophezeit, dass dieses Kind, der Sohn des Höchsten wäre, der Messias, der Retter der Welt? Sollte ich jetzt nicht mehr glauben, nicht mehr hoffen?

Hatte nicht bei seiner Darbringung im Tempel von Jerusalem, Simeon auch prophezeit, dass ein Schwert mein Herz durchbohren würde?

Ja, aber auch, dass er das Licht der Völker, der Messias wäre.

So verbrachte ich zwei furchtbare Nächte und zwei lange Tage.

Die ersten Sonnenstrahlen erleuchteten den Morgen des Sonntags. Ein kleiner Vogel, es war ein Rotkehlchen, stellte sich auf meinen Fenstersims und sang aus voller Kehle. Sein Gesang war voll Freude. Sogleich wurde er von allen anderen Vögeln begleitet. Ich hörte diesen Vogelgesang, sah aus dem Fenster wie die Sonne sich - in Rosafarbe gekleidet - am Horizont erhob, sah den blauen Himmel und die Rosen im Garten, und alles erzählte von der Größe des Herrn. Die ganze Schöpfung erhob sich im Jubel und Freude.

Meine traurigen Gedanken waren auf einmal verschwunden.

Er lebt!

Dachte ich. Die Schöpfung Gottes will es mir sagen. In diesem Augenblick vernahm ich in meinem Herzen seine geliebte Stimme:

„Ja, Mutter, sagte Er. Ich lebe und ich werde dich niemals mehr verlassen. Aber dorthin, wo ich gewesen bin, konntest Du mich nicht begleiten. Aber jetzt, ist alles überwunden."

Die Welt um mich verschwand, die Zeit blieb stehen. Ich war auf die Knie gesunken und konnte nur Gottvater danken.

Nach einer Weile hörte ich von weitem, wie die zwei Marien das Haus verließen. Sie wollten den Leichnam Jesu mit duftenden Ölen einreiben und gründlich säubern. Ich blieb in meiner Kammer. Nach einer Weile, ich kann nicht sagen wie lange da die Stunden verflogen, weil ich im Gebet versunken war, hörte ich rasche Schritte, und aufgeregte Stimmen. Maria von Magdala kam schnell in meine Kammer und sagte:

„Jesus lebt! Maria, Jesus lebt! Ich habe mit ihm gesprochen. Maria! Maria! Er lebt! Ich muß zu Petrus gehen und ihm sagen, dass sie nach Galiläa gehen sollen. Dort sollen sie ihm begegnen!"

„Ja, Er ist auferstanden!" antwortete ich voller Freude.

„Hast Du es gewusst?" fragte sie ein bisschen überrascht.

„Ja, Maria, seit heute morgen habe ich die Gewissheit". - antwortete ich.

„Weißt Du," sagte sie weiter, „Er sieht anders aus als früher. Ich hatte ihn zuerst nicht erkannt, also ich erzähle es von Anfang an. Wir sind zum Grab gekommen und unterwegs hatten wir gedacht: „Wie werden wir in das Grab hereinkommen, wenn wir keinen haben, der uns den Stein bewegt?

Aber als wir ankamen, stand die Tür offen. Wir gingen hinein und sahen das Grab leer. Nur das Grabtuch lag da. Aber sein Leib war weg. Ich war sehr besorgt und fragte einem Mann, der in der Nähe war, ob er wüsste, wo man den Leib meines Herrn hin gebracht hätte. Und dann, dann sprach dieser Mann mich an…und es war Jesus! Er sagte nur: Maria! Zu mir. Aber wie Er das sagte! Ich erkannte Ihn sofort."

Meine Augen hingen an ihren Lippen und mein Herz wollte vor Freude aus meinem Körper springen. Es war ein Jubel in mir, eine Freude! Er ist auferstanden! Hosianna!

Der Evangelist Johannes erzählt uns diese Szene so:

„Maria aber stand draußen vor dem Grab und weinte. Während sie weinte, beugte sie sich in die Grabkammer hinein. Da sah sie zwei Engel in weißen Gewändern sitzen, den einen dort, wo der Kopf, den anderen dort, wo die Füße des Leichnams Jesu gelegen hatten. Die Engel sagten zu ihr: Frau, warum weinst du? Sie antwortete ihnen: Man hat meinen Herrn weggenommen, und ich weiß nicht, wohin man ihn gelegt hat. Als sie das gesagt hatte, wandte sie sich um und sah Jesus dastehen, wusste aber nicht, daß es Jesus war. Jesus sagte zu ihr: Frau, warum weinst du? Wen suchst du? Sie meinte, es sei der Gärtner, und sagte zu ihm: Herr, wenn du ihn weggebracht hast, sag mir, wohin du

ihn gelegt hast. Dann will ich ihn holen. Jesus sagte zu ihr: Maria! Da wandte sie sich ihm zu und sagte auf Hebräisch zu ihm: Rabbuni! Das heißt: Meister!. Jesus sagte zu ihr: Halte mich nicht fest; denn ich bin noch nicht zum Vater hinaufgegangen. Geh aber zu meinen Brüdern, und sag ihnen: ich gehe hinauf zu meinem Vater und zu eurem Vater, zu meinem Gott und zu eurem Gott. Maria von Magdala ging zu den Jüngern und verkündete ihnen: Ich habe den Herrn gesehen. Und sie richtete aus, was er ihr gesagt hatte." (Joh.20,11-18).

DIE EMMAUSJÜNGER

Meine Freude war übergroß. Ich dachte an die Worte, die Er ein paar Tage zuvor zu Marta gesagt hatte: *„Ich bin die Auferstehung und das Leben, wer an mich glaubt, wird leben, auch wenn er stirbt".*
Auferstanden ist der Herr! Auferstanden!
Diese Worte waren wie Musik. Ich konnte nicht aufhören diese Worte zu wiederholen und dem Vater immer und immer wieder zu danken. Meine Gottesferne war verschwunden, mein Band zu Gott war wiederhergestellt. Ich blieb in meiner Kammer und es war eine Vorhalle des Himmels.
Nach einer Weile hörte ich Männerstimmen. Maria von Magdala kam hoch zu mir und sagte: „Mutter, dort sind zwei Jünger von Jesus, die Ihn auch gesehen haben und sich lange mit Ihm unterhalten haben. Möchtest Du mit Ihnen sprechen?"
„Aber ja, doch", sagte ich. „Bitte Sie hier rein!"
Da kam Cleophas, den ich von früher kannte mit einem jüngeren Freund. Beide strahlten eine Freude aus, die fast unbeschreiblich war. Ihre Schritte waren schnell und leicht, ihre Augen glänzten, wie von Innen erleuchtet, ihre Gesichter strahlten Freude aus.
„Mutter," sagten sie zu mir, „wir haben lange mit Jesus gesprochen. Er lebt".
„Wie sieht er aus" fragte ich besorgt. „Sind seine Wunden zu sehen?"

„Er sieht anders aus als früher," sagten beide fast gleichzeitig.

„Wie meint Ihr das?" fragte ich.

„Also, wir waren unterwegs nach Emmaus. Wir wollten weg von Jerusalem, wir waren so traurig nach seinem Tod und seiner Kreuzigung, aber dann trafen wir unterwegs jemand, von dem wir zuerst dachten er wäre ein Fremder. Und wir kamen ins Gespräch. Wir erzählten ihm von dem grausamem Tod Jesu und er fing an uns zu belehren, dass schon darüber die Schrift bei Jesaja, Ezechiel und anderen Propheten berichtet hatte, und inzwischen war es dunkel geworden. Wir wollten in einer Raststätte eine Reisepause einlegen und baten den Fremden bei uns zu bleiben.

Er kehrte mit uns ein, saß mit uns am Tisch und als das Brot serviert wurde, nahm er das Brot, dankte dem Vater, brach das Brot und …da haben wir Ihn erkannt. Beim Brotbrechen haben wir Ihn erkannt... Aber dann, war er verschwunden."

„Wie so habt Ihr ihn nicht vorher erkannt?" fragte ich ein bisschen unsicher.

„Er ist eben anders", sagten beide.

„Ja, das ist wahr", sagte Maria von Magdala, die dort zugehört hatte. „Bei mir war es auch so. Als ich so traurig war, weil wir seinen Körper nicht säubern konnten, fragte ich diesen mir fremden Mann, wo er den Leichnam meines Herrn hingelegt hätte. Ich dachte, er wäre der Gärtner. Erst als er meinen Namen aussprach, und wie Er das sagte: Maria! erkannte ich ihn."

„Habt Ihr Wunden oder Blutspuren bei Ihm gesehen? Ist er schon sauber und gesund?" fragte ich noch einmal.

„Wir haben kein Blut gesehen. Ja, er sah …strahlend aus." sagte Cleophas.

In dem Augenblick hörten wir Männerschritte. Es waren Johannes, Petrus, Jakobus. Sie hatten schon die Gute Nachricht gehört und wollten alles noch mal wissen. Auf einmal wurde das ganze Haus voll. Zehn der Apostel waren anwesend, es fehlte nur Thomas. Ich war auch heruntergekommen, und wir alle blieben versammelt im Gebet. Plötzlich erschien Er in unserer Mitte, obwohl die Türe verschlossen waren. Wir konnten gar nichts sagen. So erstaunt waren wir. Er öffnete seine Hände und sagte:

„Der Friede sei mit Euch!"

Ich sah die Wunden in seinen Händen. Man konnte sie sofort erkennen. Dann schaute ich nach unten und sah seine Füße. Er trug jetzt keine Sandalen, und da waren auch die Merkmale seines Leidens. Seine Füße waren durchbohrt.

Ja, wir alle erkannten Ihn. Aber die Männer hatten auf einmal Angst oder Scheu vor Ihm. Er versuchte ihnen mit einer Geste ihre Angst zu nehmen und mit einem Lächeln sagte er:

„Habt keine Angst. Ich bin es wirklich! Habt Ihr nicht etwas zu essen für mich?"

Maria von Magdala brachte Ihm ein Stück gebratenes Fisch, das er immer aß, als Er unter uns wohnte. Alle schauten ihm beim Essen zu und waren glücklich.

Ich konnte meine Augen nicht von den seinen wenden. Und als ich seine unendliche Liebe für uns alle spürte, wurde ich auch sehr berührt. Ich fühlte, wie die Tränen sich wieder einen Weg nach außen bahnen wollten, und versuchte sie zu unterdrücken. Ich konnte nur sagen: „Oh, mein liebster, liebster Jesus!"

Bald darauf verschwand er.

Als Thomas nach einer Weile ins Haus kam, und wir ihm von der Erscheinung Jesu erzählten, wurde er fast zornig und sagte:

„Das kann ich nie und nimmer glauben. Ihr könnt mir so viele Märchen erzählen, wie ihr wollt. Nur wenn ich die Wunden seiner Hände und seiner Füße sehen und mit meiner Hand seine Seite berühren kann, würde ich vielleicht daran glauben". Und wütend wie er war, wollte er nicht an unserer Freude teilnehmen.

Und Jesus, der seine Freunde nie verlässt, erschien wieder, speziell für ihn. Er kam in unsere Mitte und Thomas war dabei. Er stellte sich vor Thomas und sagte:

„Thomas, hier, siehe meine Wunden an meinen Händen und an meinen Füßen und stecke Deine Hand in meine Seite. Und sei nicht ungläubig sondern gläubig".

Ich sehe immer noch mit welcher Liebe und Freude Thomas auf die Knie fiel und zu Jesus sagte:

„Mein Herr und mein Gott!"

Er war der Einzige, der das aussprach, was wir alle gefühlt hatten und was ich immer gewusst hatte: Mein Herr und mein Gott!

IN GALILÄA

Danach verließen wir Betanien und Jerusalem und wanderten nach Galiläa. Der Herr wollte Petrus, Jakobus und alle anderen dort treffen. Ich war froh wieder nach Nazareth zurückkehren zu können.

„Mutter" – sagte Johannes zu mir „wo willst Du leben? Das Haus meines Vater ist in Kafarnaúm…"

„Johannes, komm zu mir", sagte ich. „Du weißt, dass mein Zuhause Nazareth ist".

Unterwegs überlegten wir, wo würde Jesus sich seinen Jünger offenbaren und sie alle waren derselben Meinung. Bestimmt würde Er am See Genezareth auf uns warten.

So viele Erinnerungen kamen bei solchen Worten. Er liebte diesen Ort. Er liebte diesen See. Wie oft hatte Er von einem Boot aus zu den Menschen gepredigt. Oder war Er mit den Jüngern fischen gegangen. Sogar beim Gewitter.

Schon als kleines Kind, als wir aus Ägypten zurückgekehrt waren, liebte Er den Blick über das Wasser auf die Berge, die Spaziergänge am Strand.

Unterwegs sprachen die Jünger von nichts anderes als von den Worten Jesu bei seinen Erscheinungen.

„Er grüßt uns immer mit *„Der Friede sei mit Euch"*, sagte Petrus.

„Das ist wirklich ein kostbares Gut. Hätten wir Frieden in unseren Häusern, Gemeinden, unter Freunden und unter den Völkern, würden der Hass und der Neid und die Kriege verschwinden", sagte Thomas.

„ Also fangen wir bei uns an", sagte Johannes.

„Wenn Er unter uns ist, spüren wir einen großen Frieden, aber was passiert, wenn Er nicht mehr bei uns ist?" fragte Jakobus.

„Wird Er uns verlassen?" fragte Petrus mit bewegter Stimme.

„Ich denke, Er wird immer bei uns bleiben" sagte Jakobus.

„Ja, aber hat Er nicht gesagt, dass Er zum Vater gehen muß, um uns den Tröster zu senden? sagte Thomas.

Ich hörte diese Gespräche und sagte gar nichts. Ich hatte eine Ahnung von dem, was uns bevorstand. Ich spürte in mir eine große Freude jedes Mal wenn ich meinen Sohn sah, aber auch eine enorme Sehnsucht, wenn Er aus unseren Augen verschwand. Und ich überlegte, wie würde ich mein Leben hier auf Erden weiter leben können mit dieser Sehnsucht nach dem Himmel in mir.

Seine Stimme in mir sagte aber: „Mach Dir keine Sorgen, Mutter. Mit der Hilfe des Trösters und mit seiner Kraft wirst Du meiner Kirche Zuflucht und Trösterin sein"

Ich konnte dann nur wiederholen: „Ja, Herr. Ich bin Deine Magd ".

AM SEE GENEZARETH

Endlich waren wir angekommen am Ufer unseres geliebten Sees. Die Jünger fingen an zu lachen und zu rennen. Sie wussten, dass die Begegnung mit Jesu hier stattfinden würde, und waren außer sich vor Freude. Petrus sah sein Boot am Ufer liegen und sagte:
„Ich gehe fischen" und schob sein Boot ins Wasser und stieg hinein.
„Ja, wir machen mit," sagten die anderen zehn.
Der See war glatt und ruhig wie ein Spiegel. Der Mond erschien am Horizont, und eine leichte Brise bewegte sanft das Boot. Die Männer waren in ihrem Element. Fischen, das war ihr Leben gewesen von klein auf, bis sie Jesus trafen und Ihm folgten. Petrus sagte,
„Bestimmt werden wir einen guten Fang machen".
„Ja", sagte Jakobus, „es sind ideale Bedienungen".
Ich beobachtete das Boot, wie es langsam das Ufer verließ und in der Weite des Sees aus meiner Sicht verschwand.
Langsam nahm ich auch den Weg nach Nazareth, und ging in mein Haus, das jetzt so verweist war ohne Jesus.
Ich ging zum Brunnen, holte Wasser, wusch mir den Staub von der Wanderung ab, und ging in den hinteren Hof zu beten. Was für eine klare Nacht!. Die ganze Größe des Firmaments wölbte sich wie ein Zelt voller Sternen über mein Haus. „Wie groß bist Du, mein

Herr, mein Schöpfer, mein Gott!", konnte ich nur stammeln.

Ich verbrachte die Nacht im Gebet und gegen Morgen spürte ich, dass Jesus in der Nähe war. Ja, Er war am Ufer des Sees und dort wartete Er an einer Feuerstelle auf die Jünger. Von weitem sahen diese das Licht des Feuers in der Morgendämmerung und Petrus erkannte Ihn.

„Das ist der Herr", sagte er. Sofort sprang er ins Wasser und kam so als Erster zum Strand. Und hier lasse ich den Evangelist Johannes (21,1-14) weiter erzählen:

„Simon Petrus, Thomas genannt Didymus (Zwilling), Nathanael aus Kana in Galiläa, die Söhne des Zebedäus und zwei andere von seinen Jüngern waren zusammen. Simon Petrus sagte zu ihnen: Ich gehe fischen. Sie sagten zu ihm: Wir kommen auch mit. Sie gingen hinaus und stiegen in das Boot. Aber in dieser Nacht fingen sie nichts. Als es schon Morgen wurde, stand Jesus am Ufer. Doch die Jünger wussten nicht, dass es Jesus war. Jesus sagte zu ihnen: Meine Kinder, habt ihr nicht etwas zu essen? Sie antworteten ihm: Nein. Er aber sagte zu ihnen: Werft das Netz auf der rechten Seite des Bootes aus und ihr werdet etwas fangen. Sie warfen das Netz aus und konnten es nicht wieder einholen, so volle Fische war es. Da sagte der Jünger, den Jesus liebte, zu Petrus. Es ist der Herr! Als Simon Petrus hörte, dass es der Herr sei, gürtete er sich das Obergewand um, weil er nackt war, und sprang in den See. Dann kamen die anderen Jünger mit dem Boot – sie waren nämlich nicht weit vom Land entfernt, nur etwa zweihundert Ellen – und zogen das Netz mit den Fischen hinter sich her. Als sie an Land gingen, sahen sie am Boden ein Kohlenfeuer und darauf

Fisch und Brot. Jesus sagte zu ihnen: Bringt von den Fischen, die ihr gerade gefangen habt. Da ging Simon Petrus und zog das Netz an Land. Es war mit hundertdreiundfünfzig großen Fischen gefüllt, und obwohl es so viele waren, zerriss das Netz nicht. Jesus sagte zu ihnen: Kommt her und esst! Keiner von den Jüngern wagte ihn zu fragen: Wer bist Du? Denn sie wussten, dass es der Herr war. Jesus trat heran, nahm das Brot und gab es ihnen, ebenso den Fisch".
Und der Evangelist Johannes erzählt weiter: (21, 15-17)
„Als sie gegessen hatten, sagte Jesus zu Simon Petrus, Simon, Sohn des Johannes, liebst Du mich mehr als diese? Er antwortete ihm: Ja, Herr, Du weißt, dass ich Dich liebe. Jesus sagte zu ihm: Weide meine Lämmer!
Zum zweiten Mal fragte er ihn: Simon, Sohn des Johannes, liebst Du mich? Er antwortete ihm: Ja, Herr, Du weißt, dass ich Dich liebe. Jesus sagte zu ihm: Weide meine Schafe!
Zum dritten Mal fragte er ihn: Simon, Sohn des Johannes, liebst Du mich? Da wurde Petrus traurig, weil Jesus ihn zum dritten Mal gefragt hatte: Hast Du mich lieb? Er gab ihm zu Antwort: Herr, Du weißt alles, Du weißt, dass ich Dich lieb habe. Jesus sagte zu ihm: Weide meine Schafe!"

Als Jesus wieder aus ihrer Sicht verschwand, waren die Apostel sehr aufgeregt. Sie sprachen zu Petrus und sagten, „Du muß uns jetzt führen. Der Herr will es so".

Petrus konnte kaum antworten. Er sagte nur:
„Dreimal habe ich ihn verleugnet und drei mal hat er mich gefragt, ob ich ihn liebe…und jetzt soll ich euch führen? Wie geht das zusammen?"

Ich sagte nur: „Petrus, hab keine Angst. Du wirst schon die Hilfe Gottes erfahren, um uns nach seinen Willen zu führen...Ich glaube, dass Jesus will, dass wir alle nach Jerusalem gehen. . In Galiläa hatten wir unser altes Leben. Hier hat Er uns bewiesen, dass wir ohne Ihn nichts machen können, nicht einmal fischen. Nach Jerusalem, wo er gekreuzigt und auferstanden ist, dorthin müssen wir gehen".

Petrus sagte: „Ja, wir gehen zusammen. Wir haben etwas Einmaliges gesehen und erfahren. Wir müssen der Welt von Jesus erzählen, und anfangen müssen wir in Jerusalem"

Seine Augen hatten jetzt einen Glanz und eine Entschlossenheit, die sich auf uns alle übertrug. Keine der Männer hatte Einwände oder murrte. Wir Frauen nahmen einige Bündel mit Wäsche und Essbares und liefen hinter den Männern her.

Galiläa blieb zurück. Für mich wurde es ein Abschied für immer.

JESU HIMMELFAHRT

Wieder in Jerusalem angekommen, ging ich mit den Frauen nach Betanien, jetzt mein zweites Zuhause, wo wir von Maria und Marta mit großer Freude empfangen wurden. Unterwegs überlegten wir, wo diesmal Jesus uns treffen würde. Petrus entschied: „In Gethsemani, dort werden wir Ihn treffen". Es war gut, jemand zu haben, der uns die Richtung zeigte, und wir alle folgten jetzt seinen Anweisungen.

Petrus, Jakobus und Johannes zeigten uns den Platz, wo Jesus in jener Nacht so viel gelitten hatte. Sie erinnerten sich an seine Tränen und seine Angst. Und voller Scham erzählten sie von ihrem Versagen und ihrer Müdigkeit, und dass sie Jesus begleiten wollten im Gebet. Stattdessen hätten sie nur geschlafen. Wir alle hörten bewegt zu, und den Jüngern liefen die Tränen ihre Bärte über. Petrus schien untröstlich zu sein. Er konnte nur immer wieder sagen: „Wie konnte ich nur…"

Plötzlich erschien Jesus in unserer Mitte. Er nahm wie immer Mahl mit uns, und danach sagte er:

„Geht nicht weg vom Jerusalem, sondern wartet auf die Verheißung des Vaters, die ihr von mir vernommen habt. Johannes hat mit Wasser getauft, ihr aber werdet schon in wenigen Tagen mit dem heiligen Geist getauft….Ihr werdet die Kraft des Heiligen Geistes empfangen, der auf euch herabkommen wird: und ihr

werdet meine Zeugen sein in Jerusalem und in ganz Judäa und Samarien und bis an die Grenzen der Erde"
"Als er das gesagt hatte, wurde er vor ihren Augen emporgehoben, und eine Wolke nahm ihn auf und entzog ihn ihren Blicken. Während sie unverwandt ihm nach zum Himmel emporschauten, standen plötzlich zwei Männer in weißen Gewändern bei ihnen und sagten: Ihr Männer von Galiläa, was steht ihr da und schaut zum Himmel empor? Dieser Jesus, der vor euch ging und in den Himmel aufgenommen wurde, wird ebenso wiederkommen, wie ihr habt zum Himmel hingehen sehen" (Agsch.1, 9-11)

Ja, wie kann ich beschreiben, was jetzt geschah? Wir standen alle da, mit Tränen in den Augen und mit Freude im Herzen. Wir haben gesungen und gebetet, geweint und gelacht. Wir haben uns in die Arme genommen und versucht, unsere Empfindungen mit den anderen zu teilen. Es war schwer. Auf einmal wussten wir nicht, was wir jetzt machen sollten.

„Wir bleiben zusammen", befahl jetzt Petrus." Johannes hat gesagt, dass das Obergemach, wo wir das letzte Abendmahl mit dem Herrn gefeiert haben, uns zur Verfügung steht. Dort werden wir zusammenbleiben, fasten und beten, bis der Heilige Geist uns hilft, und uns Klarheit über unsere Zukunft gibt".

„Wir müssen Zeugnis abgeben", sagte Nathanael, „das hat Jesus gesagt, aber nachdem was ich in der Stadt gehört habe, weiß ich nicht, ob es ratsam ist, jetzt über die Auferstehung Jesus öffentlich zu sprechen. Die Römer und die Juden denken, dass wir den Leichnam Jesu gestohlen und seine Auferstehung erfunden haben."

„Ja", sagte Jakobus, „die Leute sind aufgebracht,
Wenn wir zusammen bleiben, sind wir sicherer und sie
werden uns nicht so leicht finden".
„Was meinst Du, Mutter?", fragte mich Johannes.
„Kommst Du mit?"
„Aber ja" sagte ich. „Wo sollte ich sonst sein
wollen, als mit euch allen zusammen verbunden im
Gebet?"
Ich blieb im Gebet versunken. Die anderen
Frauen, die jünger waren und die jüngsten von den
Männern kümmerten sich um alles Nötige. Wir brauchten
ganz wenig. Etwas Wasser und Brot. Wir waren sehr
still, jeder versuchte sich an die Geschehnisse der letzten
Monate und an die Worte meines Sohnes zu erinnern..
Aber manchmal waren die Jünger traurig, weil sie sich
nicht mehr erinnern konnten an das oder jenes.
Manchmal kamen sie zu mir mit Fragen: „Mutter, was
hat Jesus damit gemeint als Er sagte…?" Manchmal
konnte ich eine Antwort geben, oft aber waren die Fragen
kompliziert und wir waren ein bisschen hilflos.

Es dauerte nicht lange. Vielleicht einige Tage,
oder eine Woche. Und dann passierte das Unfassbare.

*„Als der Pfingsttag gekommen war, befanden sich
alle am gleichen ort. Da kam plötzlich vom Himmel her
ein Brausen, wie wenn ein heftiger Sturm daher fährt,
und erfüllte das ganze Haus, in dem sie waren. Und es
erschienen ihnen Zungen wie vom Feuer, die sich
verteilten; auf jeden von ihnen ließ sich eine nieder. Alle
wurden mit dem heiligen Geist erfüllt und begannen, in
fremden Sprachen zu reden, wie es der Geist ihnen
eingab"* (Agsch.2,1-3)

Mut, Kraft, Erkenntnis, Rat, Liebe, das waren die
Gaben, die wir alle bekamen. Wir waren erfüllt von einer

unbekannten Kraft. Die Männer waren nicht mehr feige, mutlos, sprachlos. Ich hörte, wie Petrus die Tür des Hauses aufmachte, und wie er zu den Massen sprach. Ich dachte, „Das ist nicht derselbe Fischer, den ich kenne". Er hat tatsächlich „Worte ewigen Lebens", - wie er einmal von Jesus gesagt hatte, -in seinem Mund gehabt und die Massen überzeugt. Mehr als 3000 ließen sich taufen, nachdem sie ihn ein einziges Mal gehört hatten. Und so wie er auch alle anderen. Ja, danach sind sie in alle Himmelsrichtungen ausgefahren, um das Evangelium überall hin zu tragen. Johannes hat mich mitgenommen. Wir leben in Ephesus. Er schreibt an seinem Evangelium.
      Ich erwarte sehnsüchtig den Tag meines Todes, oder den Tag meiner Geburt in den Himmel, wo ich für immer zusammen mit Jesus sein werde.

EPILOG

Vor zwei Jahren, im Advent 2010 habe ich angefangen diese Geschichte Maries zu schreiben.
Heute, am 31. mai 2012 bringe ich das Buch zu Ende.
Ich bin Gott dankbar für dieses Buch. Ich habe dabei viel gebetet und viel Neues erfahren. Manche Passagen waren schwer zu schreiben und ich musste immer wieder pausieren.
Ich hoffe Maria, die Mutter Gottes, und unsere Mutter ist mit dem Buch zufrieden.

QUELLEN

„Das Leben des heiligen Josef" Von Maria Cäcilia Baij
„Der Gottmensch" Band I. Von Maria Valtorta.
„Die jüdische Mutter" Die verborgene Matriarchat. Von Rachel Monika.
„Jesus von Nazareth" Bde I-III. von Papst Benedikt XVI

Die Evangelisten: Lukas, Mattheus, Markus und Johannes.

IMPRESSUM:
ISBN: 978-3-7322-4484-3
Herstellung und Verlag:
BoD – Books on Demand.
Norderstedt